编号 3444

奥斯维辛集中营里的摄影师

[意] 卢卡·克利帕 [意] 毛利欧·欧尼斯 著 张思清 译

北京时代华文书局

图书在版编目（CIP）数据

编号3444：奥斯维辛集中营里的摄影师 /（意）卢卡·克利帕，（意）毛利欧·欧尼斯著；张思清译. —北京：北京时代华文书局，2020.12
ISBN 978-7-5699-4076-3

Ⅰ. ①编… Ⅱ. ①卢… ②毛… ③张… Ⅲ. ①威廉·布拉塞—传记 Ⅳ. ①K835.215.72

中国版本图书馆CIP数据核字（2021）第001699号
北京市版权局著作权合同登记号 字图：01-2017-6339

Il fotografo di Auschwitz by Luca Crippa and Maurizio Onnis
©2013 - EDIZIONI PIEMME Spa
©2018 Mondadori Libri S.p.A.
Published by Mondadori Libri for the imprint of Piemme
The simplified Chinese edition is published in arrangement through Niu Niu Culture.

编号3444：奥斯维辛集中营里的摄影师
BIANHAO 3444 AOSIWEIXIN JIZHONGYING LI DE SHEYINGSHI

著　者｜［意］卢卡·克利帕　［意］毛利欧·欧尼斯
译　者｜张思清

出 版 人｜陈　涛
责任编辑｜张　科
责任校对｜陈冬梅
封面设计｜程　慧
版式设计｜赵芝英
责任印制｜訾　敬

出版发行｜北京时代华文书局 http://www.bjsdsj.com.cn
　　　　　北京市东城区安定门外大街136号皇城国际大厦A座8楼
　　　　　邮编：100011　电话：010-64267955　64267677

印　　刷｜三河市兴博印务有限公司　0316-5166530
　　　　　（如发现印装质量问题，请与印刷厂联系调换）

开　　本｜787mm×1092mm　1/32　印　张｜11.25　字　数｜188千字
版　　次｜2021年4月第1版　印　次｜2021年4月第1次印刷
书　　号｜ISBN 978-7-5699-4076-3
定　　价｜52.80元

版权所有，侵权必究

▶ 年轻时期的摄影师威廉·布拉塞

楔子

身份识别小组的一天

威廉·布拉塞打开放大器，一束强光打在成像纸上。底片是朋友梅什科夫斯基一大清早刚冲洗好的，他还没来得及看上一眼。不过梅什科夫斯基是一名优秀的实验室技术人员，布拉塞相信他冲洗的底片对比度和成像度是完美的，他也了解自己的放大器，熟悉其工作原理：一张拥有中等强度的底片只需要 12 秒的曝光时间。12 秒后，关闭白光灯，整个房间又恢复了昏暗的红色安全光线的笼罩。

布拉塞的头儿——伯恩哈特·瓦尔特让他冲洗大幅照片，此人是党卫队的上级小队长。为此，布拉塞在放大器上放了一张 30 厘米×40 厘米的纸。此刻，纸上已经含有从底片上投下来的影像，不过肉眼看不见，他把纸浸到成像池里，不耐烦地等待着图片显像，这是一个缓慢而又平静的步骤。等待的结果就是照片上即将浮现出一张人脸。

先是眼睛的轮廓、几束浓密的头发，然后是面部特征和脖子的曲线。渐渐地，布拉塞看到了一个皮肤黝黑的年轻女人，头上围着一条彩色丝巾。当其黑色的瞳孔变得清晰时，布拉塞将纸片从成像池里取了出来，迅速地把它擦干，然后将它放到定影池中：有半分钟就够了。布拉塞根本不用看放在桌子上的计时器，他知道那是多长时间。半分钟后，他把纸从定影池中拿出来，小心地擦拭，挂起晾干，这样做可以确保照片日后不会发黄。当然，布拉塞曾经向瓦尔特要过一台烘干机，但是瓦尔特的上级迟迟不从柏林调设备过来。瓦尔特还去波兰的首都华沙寻找设备，结果也是徒劳，因为德国人早就把这里抢劫一空，不留一丝有用的东西。

挂好照片后，布拉塞才打开房间昏暗的灯。他站在那里观察着挂起来的照片，突然他感到一丝喜悦——照片成像完美。不过这种成就感很快就变成了不安。照片上那女人的眼睛一直盯着他，而且她的表情有些狰狞。

布拉塞颤抖着后退一步，他不知道那女人是从遥远的哪个地方来的：这张肖像拍摄的距离太近，以至于他无法看见她的衣服或其他特征。

这是一张平凡无奇的脸，就像他之前拍摄过的其他集中营囚犯的脸那样。她可能是来自任何一个国家的犹太女人，法国的？斯洛伐克的？或者是吉卜赛的……不过说实话，她的样子倒和集中营里其他流浪者不同，她可能是德国人，因为冒犯了纳粹而受到惩罚。

可这都是他的想象，他只知道这是瓦尔特拍的照片，而瓦尔特才不会花时间解答他的问题呢。布拉塞从来没有在室外拍过照，虽然他有权力这么做，但他却不想这样。只要没人命令他，他就想一直留在这间封闭且闷热的工作室里。瓦尔特却喜欢待在阳光下，拿着摄像机拍照、摄影，然后把胶片带回工作室让人冲洗。

整个党卫队都敬重他们的这位摄影工作室队长——伯恩哈特·瓦尔特。

瓦尔特时刻提醒自己，布拉塞是一名囚犯，其他什么也不是，而他自己可是一名上士。不过这位身份尊贵的摄影师的摄影技术着实令人惊叹，他甚至有些欣赏他这位摄影助手——波兰囚犯布拉塞。他会和这位囚犯聊天或者讨论摄影技术问题，他也会把某些敏感的任务交给布拉塞。

这天，瓦尔特很早来到工作室，一排囚犯的照片还没有冲洗出来，那些囚犯的表情好像都很认真，他需要将其一一辨认、完成登记。德国军官手里拿着胶卷，小心地把玩着，仿佛那是一件珍宝：这可是好几米长的胶片呢。

"布拉塞在哪？"

"在暗室里。"塔德克·布罗德卡回答，他正在准备早晨工作的器材。

瓦尔特快速穿过房间，敲响了暗室的门。他不想在红光亮着的时候打开房门,这样会弄坏布拉塞的作品。只有当里面的人邀请他进来的时候,他才能向前迈步。

"早啊,布拉塞先生。今天怎么样?"瓦尔特问道。

摄影师布拉塞笑了笑,回答:"我很好啊,队长先生。我可以为您做点什么?"

瓦尔特抬起手,给他看了看胶卷,然后把它放在桌子上,说:"您有一项新任务。您大概要多长时间能把这卷胶卷洗出来?"

布拉塞看了看胶卷。

"我今天的登记工作结束后,就开始做这个。我可以冒昧地问一下这里面是什么吗?"

瓦尔特耸了耸肩,毫不在意。

"这些是我昨天在集中营四下拍的照片,随意拍的。但它们对我来说很重要,我的领导也这么认为。您明白我的意思吗?"

布拉塞明白,这些可不是队长的个人回忆,这些是集中营的上级们要看的。他必须认真完成这项任务。

"请您不必担心,照片一定会是完美的。"

简单交流过后,瓦尔特就走了,布拉塞又像往常一样担心起来。

下午,他开始冲洗瓦尔特带来的那卷胶卷。他履行了诺言,将照片冲洗得无可挑剔,甚至还裁掉了一些多余的部分,使得照片上的德国上司显得更好看一些。之后,一张女人的照片吸引了他的注意力,他观察着这个女人,而这个女人仿佛将他一眼洞穿。

那双眼睛正在哭泣,虽然没有泪水。

那深邃乌黑的瞳孔中满是恐惧和绝望。

她的眼睛睁得大大的,目光中却空无一物。

她的唇纹仿佛讲述着她的恐惧。

她一定是看到了什么:也许是一具尸体,也许是堆放死人的工厂。

布拉塞突然想起来这个女人曾经出现过,这张照片是什么时候拍摄的了?——毒气室。当时这个女人就待在毒气室的入口,也许她看到门是开着的,或关着,总之她看见了里面的情景:有人正在清扫毒气室里做完实验后的狼藉。而她的眼睛里写满了恐惧和惊讶,还有对于自己眼下在劫难逃的命运的清醒认识。因为她就是下一个实验品。

布拉塞浑身颤抖。他在集中营里已经看过太多的死亡,但是他从来没有看见过和这张照片里的女人一样的眼睛:那双眼睛在这一秒是鲜活的,而下一秒就将死亡。这双眼睛看到了已经敞开的地狱之门，这双眼睛在感受最后的心跳。下一秒，帷幕将要落下。

布拉塞立马转移自己的视线，走开，跑去关灯——整个暗室陷入一片血红色的昏暗之中。此刻，窗户是关着的，他有了一丝安全感。

他知道，只要自己待在这件暗室里，就什么都不会发生。

一点点、缓缓的，他安静下来，继续做当天的工作：登记囚犯的身份。他只是不想落下工作。

目 录

001_ 第一部　奥斯维辛：1941
　　　　　藏身为生存

083_ 第二部　奥斯维辛：1942—1943
　　　　　侍主

249_ 第三部　奥斯维辛：1944—1945
　　　　　抵抗和见证

333_ 尾声

341_ 角色　一个真实的故事

第一部
奥斯维辛：1941

藏身为生存

1941

1

"别动!很好……下巴不要抬太高!别动……好了!"

按下快门,囚犯的影像落在一张巨大的12厘米的底片上。布拉塞靠近坐在转椅上的囚犯,囚犯下意识地将身子向后靠,大概是怕挨揍,不过布拉塞平和地说道:

"别担心,我只是想弄一个小地方……"

他把囚犯制服外套的衣领拉好,一颗纽扣半开着。

布拉塞回到照相机旁边,重新往取景框里看。

"你把帽子拿掉,直接看着镜头。不要眨眼,不要笑。拜托不要做奇怪的表情……这是什么表情?"

囚犯不能控制脸上的表情,哪怕是为了照相的这几秒。他是一个波兰人,他用波兰语和布拉塞说话。

"我背疼,非常疼。"

把这名囚犯带过来的囚监也是波兰人。他来到转椅旁,直接扇了囚犯一个巴掌,说:"你给我坐直,按照摄影师先生的要求去做。

在这里你要做的就是服从!"

布拉塞瞥了一眼囚监,这个人他之前从没见过,也不知道他是从哪个营房过来的,总之布拉塞不怕这个家伙,这里下命令的人是他,特别是当有"客户"在的时候,他不想让自己的"客户"遭到无意义的虐待。

"囚监,别打他!不要在我的地方动手!你听懂了吗?"

囚监低声诅咒着,回到墙边站好。

"好好。总之和这恶心的老鼠,我们等会儿再算账……"

布拉塞再次示意囚犯,让他舒展额头、睁大眼睛、伸直脖子,就在对方费力准备好拍照状态的一瞬间,布拉塞按下了快门。

当布拉塞再次从取景框里伸出头来的时候,囚犯仍旧维持着之前的表情,一动不动,不知道在沉思什么。布拉塞花了好长时间才让囚犯摆好姿势,可这会儿他却出了神。布拉塞乘机观察他,在他消瘦的脸庞上,睁开的双眼显得特别大,那眼神充满光芒。在这种宁可忘记一切的痛苦时刻,那光芒足够照亮整个面部和整个人。在他的眼睛深处,仿佛有一团炽热的火焰,坚定地闪耀着,永不熄灭。

布拉塞把他拉回到现实。他伸开手臂,握住把手,将照相机旁的囚犯的转椅转动九十度,准备去拍他的侧脸。囚犯转过身之后就清醒了。布拉塞看了一眼取景框,发现囚犯上半身有些长,就把转椅往下调了点儿,囚犯的后颈终于落到了一个理想的位置。

"不用戴帽子,你看着前面的墙壁……"

囚犯很听话,布拉塞按下了最后一次快门。给他拍照的工作结束了。

"好了,你可以走了。"

"赶紧的,快走!"囚监向囚犯大吼。囚犯站起身,两眼沮丧,他还沉浸在照相带来的休憩之中。他不想走,不想回到冰冷的世界中,他还想待在这里,待在这个暖和的地方。可惜没有时间了,轮到下一个囚犯了。摄影室外面挤满了排队等待拍照的囚犯,布拉塞朝外面瞄了一眼,至少有二十来个人。他们都笔直地站着,也不讲话,空洞地目视前方。没有例外,所有人必须服从绝对的安静。突然,排在队伍里第三位的家伙擤了擤鼻子,他的胆子太大了,就在这时囚监爆发了。

"你这个混蛋!你怎么这么恶心!你这坨犹太屎!"

囚监拎起他就打,又扇他的脸,可怜的囚犯蜷起身子蹲在地上,试着用手臂护住头。

他不敢反抗,只是轻声抱怨着,那抱怨声只能算是低喃,但是这足以招致囚监更大的怒火,其他囚犯吓得大气都不敢出,躲到角落。应该有人去阻止囚监,不然他就要把那个囚犯弄死了。

"我要他,就是现在!"

布拉塞大声说着,点名要那个被揍的家伙来拍照,囚监不得不住手。

囚监喘着粗气,满是愤怒地问:

"为什么是他?还没轮到他呢。"

布拉塞拽起囚监的胳膊,把他拉离囚犯队伍好几米。他说话彬彬有礼,因为他不想得罪这个囚监,但是他的口气毋庸置疑,言语中暗含了一丝威胁。

"难道你没有收到让你把囚犯带过来拍照的命令吗?"

"收到,长官。"

"如果我们不拍照,这个责任谁负?"

囚监握紧拳头,盯着他,似乎想狠狠地揍这个讨厌的摄影师一顿,心想:别看你人模狗样的,你不过也是个囚犯,你就是一只跳蚤。但他克制着嘟哝道:"什么意思?"

布拉塞努力表现得更加友好。

"我接到了命令,按顺序给囚犯拍照,而且照片必须拍得清清楚楚。我不要青一块紫一块的脸，也不要打肿的眼睛或者打断的骨头，我不要镜头里出现神情痛苦的囚犯，因为我的领导不喜欢这样的照片。你听懂了吗？"

囚监咬紧双唇。他明白，也清楚一切，他甚至还努力地挤出了一个微笑。

"你不会和领导讲这种小事的吧？"

布拉塞摇摇头，向他保证。

"我什么都不会讲。我们先给这个人拍照，趁他的脸上还没有浮现瘀青。你负责哪队囚犯？"

"我们是汽车修理队的。这些畜生的日子过得太舒服了，根本不知道打紧，它们的日子太好过了……"

他冷笑着，仿佛整个奥斯维辛的规则都由他来制定，他朝刚刚被揍的那名囚犯吼着，并赶他进来，让他坐到转椅上。

囚犯戴上帽子，先拍四分之三侧面像。

然后取下帽子，拍正面像。

最后是侧脸，仍旧不戴帽子。

每拍完一张，布拉塞都需要重新选取角度，这个时候布罗德卡从蔡司相机中取出笨重的底片盒子,换上一个新的。而特拉卡准备好手写牌,把它放在靠近囚犯的位置。第三张照片需要记录信息:囚犯从哪里来、编号是多少、为什么收入奥斯维辛集中营。布拉塞因此得知,这个被囚监揍了一顿的囚犯是一个"斯政",一个来自斯洛文尼亚的政治囚犯,他的编号是9835。布拉塞在心里算了一下,此人是自己进入集中营几个月后才进来的。

拍照结束后,布拉塞示意囚犯离开,他从囚犯的眼睛里捕捉到一丝无声的感谢,他知道布拉塞为他免去了一次更为残酷的刑罚。布拉塞低下头,没有回复这沉默的敬意。他能干涉的也只有这些了,他知道还有其他更可怕的事情,他也知道,如果他没给这个囚犯拍照就放他走了,那么他的名单上就会多出一个空白:100个囚犯里有90个不会再回来拍照。他们很快就会被处死。

但他也为自己感到怜悯,没有人知道那些德国人的脑袋里想着什么,也许他们会因为没拍的照片而给他定罪,这一点也不奇怪。他只希望一切顺利。

囚监又把下一个修车囚犯推到转椅上,布拉塞抬眼看了看布谷钟,那是德国人用来装饰摄影工作室的。他意识到已经快中午了,很快布谷鸟就会从小门里出来歌唱。这个声音让他烦躁,因为它总是在关键时刻让他分心,但是他没有勇气叫人把这布谷钟拿下来。因为瓦尔特喜欢,这就够了。一分钟以后,小鸟开始唱歌……

布拉塞觉得很饿,却还得继续对准镜头。这个时候,摄影工作室囚监弗朗茨·马尔兹进来了。布拉塞向他致敬。

"欢迎回来,老大。早上外面天气好吗?"

马尔兹甩了甩身上的霜,走过去,大屁股凑到炉子旁。

"你管你的,波兰人,别管我……"

布拉塞没有回答,只是低下头,重新往蔡司取景框里看。

没有人知道囚监整天都在干什么,马尔兹显然不懂摄影,他最多能在暗室里复制几张底片。也没人知道他是怎么成为身份识别小组的囚监的,不过没人敢去问他。布拉塞听见他在自己身后靠着炉子喘着粗气,他只能专心取景拍照。

现在转椅上坐着一个男孩,顶多十八岁,布拉塞从取景框里看着他,感到心头一紧。男孩的胸口有一个由黄色和红色两个三角形交错而成的"大卫之星"——他也是犹太人。他肯定活不了多久啦。但不是因为这个让布拉塞起了恻隐之心,而是那男孩的眼神。他的眼睛清澈明亮、充满信心,这是属于刚结束青春期的年轻人的眼睛。他有长长的睫毛,像一个女孩子似的,还有一些雀斑,很可爱。他的脸颊和下巴上并没有胡子。布拉塞知道，这嘴唇从来没有谩骂过一句粗鲁的话，他死的时候只会叫妈妈；他会吃惊地看着刽子手，丝毫不解自己被处死的原因。他活不了几个星期了，劳务、寒冷、饥饿和暴打……只不过是时间问题。

布拉塞刚拍好第三张侧影像，就听见马尔兹喊道："Weg！"

这句德语的意思是"走"，那是让人离场的命令。

而转椅上的男孩来自法国，他肯定听不懂德语，但是他明白了那命令中包含的催促的语气，他只想尽快起身，从那转椅上下来。

可惜还不够快。

男孩还没来得及把脚放在地上，马尔兹突然推了一下照相机旁边的一根杆子，转椅被连带得转动起来，又回到了正面的位置，而男孩被弹了出去，就像断了线的木偶，脸重重地摔在地上，旁边是蔡司相机的脚。

男孩在地上愣了一会儿，布拉塞心中升起一种想要去帮助他的冲动。但是囚犯是不允许被帮助的，他会惹上大麻烦的。就这样，在马尔兹疯狂的笑声中，犹太男孩一个人吃力地爬起身。他站起来，吐出一颗牙齿，而管男孩的囚监只顾着把他径直推出门外，当然这个囚监也在笑，他从来没见过这么有趣的游戏，笑个不停。

"太可乐了!我们再来一次吗?"

马尔兹笑得跪在地上,他费劲地回答道:"你看见那家伙的脸了吗?快笑死我了!我真是吃不消哟……天呢,那样子。真是笑死了……对,我们再来一次!"

就这样,从转椅上又摔下了另外三名囚犯。

其中一个摔断了胳膊,此人年纪大了,在地上叫喊着,那声音充斥着痛苦和恐惧。他的胳膊古怪地折着,骨头几乎都露了出来,痛不欲生。而同时他也明白,这令人恐惧的骨折宣告着自己的死亡。他的脸上明明白白地写着这一切。从这间摄影室出去,他会被送进医院,然后是焚尸场。没有人会高兴地救助、赡养一个老人,赶紧把这老东西送走,才是对所有人都好的做法。这一切——折了的胳膊、老人惊恐的眼神和摄影工作室里混乱的场面——都让两位囚监兴奋不已。他们笑了好几分钟。

许久后,马尔兹才恢复平时的严肃。他玩够了,不想再嬉笑了,便伸了几个懒腰,随后又打了个哈欠。

"我去店里买点吃的。你们要些什么吗?"

他的脸上露出一个灿烂的微笑,因为他知道布拉塞和其他伙伴都没有资格去商店买东西。

就这样,他独自走了,把囚犯留给布拉塞他们来对付。

布拉塞看了一眼布谷钟,快要 1 点钟了。他觉得很饿,但是他必须忍耐。他还要干好几个小时呢。

2

当下的一切都开始于一个月前。那是 1941 年 2 月 15 日,布拉塞在奥斯维辛度过了第一个可怕的冬天,那一天他被叫到党卫队的政治办公室,同行的还有其他人。他和另外四个囚犯一起寻找党卫队的楼房。他们走在雪地里,双手不由得交错放在胸前,好维持饥寒交迫的身体的热量。他们忧心忡忡地聊着天,不知道为什么会被叫过去。

"你从哪儿来?"

"法国。你呢?"

"我从荷兰来。"

"我是斯洛伐克。"

"我听不太懂……"

只有威廉·布拉塞懂德语,其他人只会几个在巴别塔似的集中营里学到的单词。他们就这样手舞足蹈地交流着。

他们来自不同国家，年龄各异：有两个已经年过五十，一个三十五岁，包括布拉塞在内的另外两个人年轻一些。他们好像没什么共同点，也没有共同的囚监和狱友：他们在不同的营房里睡觉、在不同的劳务所里工作。

他们继续在黑暗中摸索着党卫队的楼房。布拉塞突然有了一个主意。

"你们是怎么登记的？"

其他人不解地看着他。

"什么意思？"

布拉塞不耐烦地解释道：

"你们来这儿之前是做什么的？你们和党卫队是怎么说的？"

"我以前是摄影师。"法国人说道。

"真的吗？那你呢？"

斯洛伐克人也附和道："我也是啊。我在布拉迪斯拉发州附近有一个工作室。"

剩下的那个荷兰人和匈牙利人也是摄影师。

"我也是。"波兰人布拉塞回答道，"我以前也是摄影师。你们知道这意味着什么吗?"

五个人停下脚步,在雪地里极力站稳不让自己摔倒。政治办公室的大门就在几步开外,他们互相打量着,彼此之间已经有了疑窦,不过还谈不上憎恨。他们很快就明白了,原来德国人需要一个摄影师,不过他们还不知道德国人要做什么,也许需要两个,但绝对不可能是五个。所以,他们肯定要进行一次筛选。

布拉塞打破了他们之间紧张而安静的气氛。

"走吧,拿出勇气来。反正都是德国人说了算……"

他们蹑手蹑脚地走进屋子,每个人都报上自己的姓名和编号,请求许可。

"到!"他们吐字清晰地大声叫道,好像谁表现得更好,谁就更有希望被选中一样。

不过德国人只是让他们站着等,并没有解释什么,然后把他们一个个叫进旁边的小房间里,在外面可以听到里面的低语。讯问结束后,他们就被各自引导穿过房子的后门,再也没有重新聚到一块儿。他们更不可能交换眼神,办公室里有一个党卫队的士兵盯着他们的一举一动,而背在他背后的刺枪正发出逼人的光芒。

轮到布拉塞了,他也走进了那个房间。

他的面前有一张书桌，几乎占据了整个房间，只留出一条窄窄的过道好让人坐到书桌后面。那是一位国防军上士，很年轻，但当下这位上士将决定他的命运。布拉塞的心快要跳到嗓子眼儿了。他张嘴再次说出名字和编号，不过上士示意他不要说话，让他坐下。

"您请坐，布拉塞。"

布拉塞有些吃惊地看着士官。

已经好几个月没人对他说过"您"了。

他抓紧手中的帽子，坐了下来。

"是，长官。"

这位上士大概三十岁，面容和善，他仔细地阅读着面前的文件，并问了布拉塞一连串问题。他很有耐心，一点儿也不着急，他只想弄明白这些问题，这对他来说似乎非常重要。

"文件上说，您今年二十三岁了，之前您在卡托维兹做摄影师。"

"是的，和我舅舅一起。"

"这是他的工作室吗？"

"是的，我做我舅舅的学徒。我学得很好。"

"有多好？"

上士微笑着问。布拉塞想编造些什么，但是他知道这将会为谎言付出惨重的代价：波兰最优秀的摄影师这一头衔既无用又危险。所以他还是实话实说的好。

"很好。"

他没有说谎，因为他的技能确实非常熟练。

"您是用什么来冲洗照片的呢？"

"爱克发牌的溶液……德国的质量比其他国家的都要好。"

他并不是想要讽刺什么。

"那么用什么来固定影像呢？"

"还是爱克发牌的。"

"您修片润色的本事怎么样？"

布拉塞想知道这些问题到底是用来做什么的。他们肯定是需要一个摄影师，一个擅长暗室操作的摄影师。不过润色是另一回事，它只和人像照片有关，这是城市里流行的东西，只有那些开在昂贵道路旁边的工作室才能做到。他不明白。

"我和舅舅一起做过很多润色工作，不过这需要一些专业的器材……"

"此话怎讲？"

布拉塞环顾四周，感到有些怀疑，在奥斯维辛这样的地方也可以吗?他随后才回答。

"我们需要粗细不同的铅笔、黑色明墨水、黑色暗墨水、碳粉和胶,当然还有一些其他的东西。只有这样才能拍出令人满意的肖像。"

上士满意地点点头,看起来布拉塞的回答令人欣喜。他又看了一会儿文件,然后拉开抽屉,拿出一张明信片大小的照片放在布拉塞面前。照片上是一个平民老人,布拉塞从来没有见过这个人,这样的半身像一定是在工作室里拍的。但是这个照片并不尽如人意。

"您觉得这张照片怎么样?"

"一般。"

"为什么?"

"四分之三的构图还可以,人的表情也到位。但是脸的右半边都在阴影里面,这绝对是拍照的问题。"

上士凑向他。

"您说说看。"

布拉塞拿着照片仔细地看着。

"灯光没有安排好,或者说摄影师没有采用足够的灯光。这里肯定还需要一盏灯,好打消人右脸的阴影。这就是问题所在。"

上士看着照片,点头示意。

"这是我的父亲,这照片是我拍的。"

布拉塞咽了咽口水,他吓得不知道该说什么。

"我是在他家里拍的,在巴伐利亚州的菲尔特,这就是我的城市。我只用了客厅里的那盏台灯。不过作为一个业余摄影师,能够拍成这样也不容易了。您说呢,布拉塞先生?"

他在"先生"一词上有意加重语气,布拉塞有一种久违的感觉,而他知道他应该得体地回应。

"确实。用临时准备的器材能拍出这样的照片,已经很了不起了。"

上士表示同意。

"好吧。这张照片是不错,但是我有太多事情要做,我没办法一心一意搞摄影……"

他又低头去看文件,仔细审视着,表情十分确信,然后用笔飞快地在纸上做了个记号。"这就是我的任务。"布拉塞这样想,他充满焦虑地等待着,心情有些激动。士官写完了,递给他一张纸。

"这些是给您的命令。斯洛伐克人比你们的拍照水平都要高,法国人也不差劲。但是您,布拉塞,和别人相比有一个显著的优势,不,是两个……"

布拉塞没有回答。

"首先,您的德语说得非常好,这对我来说很重要,毕竟我不想吃力地比画,像猴子一样讲话;另外,您虽然自豪地声称自己是波兰人,其实却是奥地利人的儿子。我必须负责地仔细审查每一个雅利安人,包括那些一般人没兴趣知道的家伙……"

布拉塞腾地一下就火了,上士发现了这一变化,不怀好意地微笑着,说道:"集中营是一位严厉的老师,时间长了,您说不定想和我们结盟呢。国防军比集中营要开放一些,我们的制服肯定比你们囚犯的条纹衫要好看多了。您说呢?"

"这是毫无疑问的,长官。"

"好的。现在您可以走了……"

但是布拉塞一动不动,上士立刻皱起眉头。他又等了一秒,脱口而出:"您已经开始违抗命令了吗?我让您出去!"

"长官,抱歉。您招募我究竟是为了什么工作?"

上士用手拍了拍自己的额头。

"我差点儿忘了!我叫伯恩哈特·瓦尔特,从今天起,我就是您的新上级。您现在加入了集中营的身份识别小组。我们的任务是给每个囚犯拍照,并做好档案。所有进入奥斯维辛集中营的囚犯都必须进入你的镜头,来做登记。我们一个小时后开始工作。都清楚了吗?"

"是的,长官。"

"现在请您移步……"

布拉塞迅速鞠了躬,离开了小房间。

党卫队的士兵跟着他离开,却把他一个人留在了外面。他在雪地中高兴地颤抖着。终于,在隧道的尽头,意外地出现了一束光。他几乎无法相信此刻正在发生的一切,他在寒风中轻快地跳了两步舞。他抖得越来越剧烈,严寒迫使他回到自己的营房中。他哭了,眼泪从来没有这样甘甜。

3

"今天上午我们做什么?"

早晨六点半,身份识别小组已经在 26 栋的工作室准备就绪。自然,他们的头儿瓦尔特还没有到,此人总是不紧不慢地按着自己的节奏做事,通常很晚才出现。他觉得按时到达没什么意思,而其他人也很了解他的言外之意：因为按照瓦尔特的命令，所有小组成员都不可以被殴打。因此，让他们自己工作是没问题的。

"早上我们有多少人？"

布拉塞又问了一次，布罗德卡从乱糟糟堆满了工作废弃材料的储物间尽头回答道："我在，我在这儿……"

他双手撑地，爬起身，从储物间里走出来，手里拿着一卷发黄了的纸包着的东西。他打开一看，里面有一卷黑面包，旁边还有一大块黄油。

"昨天厨师在厨房给我的，他求我帮忙，把他老婆的照片放大。"

可这种时候，没有人会仔细听他说。那个冬天的早晨让人瑟瑟发抖，他们只想填饱肚子。那个储藏室就是他们的秘密仓库，不过它已经空了好几个星期了。尽管他们用小恩小惠打点着周围的人，但是私自谋取食物仍旧是一件困难且危险的事情。如果马尔兹甚至是瓦尔特发现了他们的这种行为，那么真是没人能救得了他们。不过现在他们只想吃东西，其他的担心都是多余的。

布拉塞伸手去拿面包，然后摇了摇头说："这硬得和石头一样。你把它切一下好吗，特拉卡？"

特拉卡同意了。他起身拿过面包，又拿来了切照片的切盘。不出几秒,又黑又硬的面包就变成一片一片的,分发在临时的餐桌上。大家一口口咬着黄油,就这样把它分了。

威廉·布拉塞、塔德克·布罗德卡、斯坦尼斯劳·特拉卡和维拉德斯劳·华利兹尼亚克四人就这样吃了早餐。好一会儿,他们细细地品味着食物,享受着这份与朋友投入工作前共进早餐的平静时光。

"我们别全吃了,留一块给梅什科夫斯基和维奇斯基。"

弗拉内克·梅什科夫斯基和阿尔弗雷德·维奇斯基是身份识别小组中的另外两名成员。梅什科夫斯基患了糟糕的支气管炎,住进了医院,大家都希望他快点好起来。而且大家深信,因为他在暗室工作的能力对于德国人来说太重要了,他们一定会像照顾自己人一样照顾他。

维奇斯基经常在工作室里装腔作势地擦拭、调整器材,而事实上他有另一项工作……就在这时,他闯进了暗室。

"赶紧!"他焦虑地说,"马尔兹来了……"

其他人满嘴的食物,纷纷紧张地站起身来,迅速地回到各自的工作岗位上。剩余的面包和黄油被塞到贮藏室最里面的角落,只有仔细搜寻才能发现。事实上,如果他们之间有奸细,那么事情就会被揭露出来。不过如果他们想要生存下去，彼此间就必须相互信赖，确保没有人会走漏风声。

布拉塞正专心工作着，他几乎听不到马尔兹的叫喊声和谩骂声。每天上午十点前，他都会处理前一天拍摄洗印出来的照片，他把自己关在暗室里，和外面的世界隔绝开来。

整个团队就像钟表的齿轮一般精准配合。布拉塞在布罗德卡和特拉卡的帮助下给坐着的囚犯拍照，与此同时，暗室里的维奇斯基、梅什科夫斯基和华丽兹尼亚克负责处理每张蔡司底片。他们把底片浸在池子里，一次可以放三十来张，然后等上三十分钟的显影时间，把底片拿出来冲洗，再把它们浸到定影液中，之后，布拉塞就参与进来了。

早上或者下午五点之后，当最后一个要拍摄的囚犯离开工作室的时候，布拉塞才会处理底片、取出照片。他很少直接从底片冲洗照片，通常情况下，肖像照需要被放大——他已经明白德国人究竟想要怎样的肖像照尺寸。那天早晨也如此。其他"同事"在打扫工作室或准备冲洗照片器材时，他就负责冲洗照片。

这是一个精细活儿，他不可以着急。

但他也不能落下太多，这些照片将被送往政治办公室，加入到囚犯的档案中。想要识别囚犯，照片是必不可少的——德国人想要准确地杀死囚犯。因此，布拉塞不得不在暗室里工作到深夜。集合令响起时，他冲到广场上去，然后再回到26栋，在得到瓦尔特的许可后，待到深夜一点。第二天早上，他已经疲惫不堪，但是不管怎样，这份工作总比挖雪地或者为新营地造砖块好得多。

提高工作效率的方法只有一个：仔细地用更小的准确性来曝光底片，把底片放大的比例小一点儿。不过他可不能再给冲洗好的照片润色了。他喜欢偷偷地用铅笔给照片润色，而那些铅笔是梅什科夫斯基想方设法才弄来的，因为他对那些囚犯总是心怀尊重。那些曾经还在行走的人都已经死去，但他还是让这些人在历史中留下了一个高贵的形象。他要去调整阴影或者使一些过于突兀的脸显得柔和一些，因此他的动作总有些慢，特别是在那些放大的照片中，有些是能清楚地看到囚犯被打后脸上留下的印子的，他绝不会坐视不管。若干年后，或许有人会找到这些照片，布拉塞希望后人能够明白，这些处于镜头另一边的是人，而不是野兽。

布拉塞沉浸在这些思绪之中，这时马尔兹突然径自打开暗室的门。虽然他明白这样做会毁坏照片，但他根本不在乎。他就是要让

这些囚犯摄影师明白,特别是布拉塞,哪怕他不能动手打人,但这里仍然是他说了算,是他在指挥。他没好气地说道:

"十点了,囚犯们都等着呢。快一点儿!"

布拉塞走进工作室,开始了他的工作。

排在照相队伍第一个的是一个体形相当匀称的男人,着装考究,可以看出他在过去的生活中,应该是一个很体面的人,可能是医生或者律师,总之是一个有身份的人。他身后站着一个个子矮小的老头,脸颊消瘦,老人家的眼神中透露着惊恐。这个人真小,转椅必须调到最高才好让他的头进到镜头画面。老人家的腿有残疾,布拉塞不明白德国人怎么会留他活路,也许他有什么重要的用处,不然没有别的可能。接下来是一个四十来岁的大高个儿,这种荒诞的对比让马尔兹吱吱笑着。这个人又高又瘦,他比照片里看起来还要瘦。

在奥斯维辛的日子只会让人愈发变得像一具骷髅。

拍完这个大高个儿,布拉塞停下来休息。

"他们是从哪里来的?"

"我听说他们是 11 栋的。"特拉卡回答道,他正忙着制作囚犯的身份牌。

听到这个消息,布拉塞颤抖了一下。如果他们是从 11 栋来的,那么在走廊里一定也有这些囚犯的囚监——波兰人瓦塞克·鲁斯基，所有人都怕他，因为他是整个集中营里数一数二的残忍家伙。

没错，他就在那里，布拉塞的焦虑持续增加。

才几秒钟，布拉塞就在队伍中认出了几个日维兹老乡，他就在那里出生、长大。

一共有三个老乡：瓦兹伯格、斯宾琳谷和斯瓦兹。虽然他们不算十分亲近，但彼此间都很熟悉，因为瓦兹伯格在火车站附近开了一家小餐馆，另外两个一个是开杂货店的，一个是卖布的。布拉塞和母亲多次在路上与他们打招呼！那家杂货店也是布拉塞经常光顾的，他的母亲也常常去斯瓦兹家买布！母亲、家乡和他生活的城市突然出现在眼前，布拉塞的双腿激动得颤抖起来。他很久没有想到这些画面了。这也属于生存所需的技巧之一：忘掉过去，抛弃未来，永远活在当下，而且不要东张西望。可是现在，往日的记忆突然闯了进来，他被这些故人吓了一跳。更讽刺的是，这三个人虽然拥有印欧人的姓氏，但他们却是犹太人。布拉塞知道他们不久之后就会被处死。

布拉塞的脑海中思绪纷飞，直到他听见远处的鲁斯基仿佛在叫喊着什么，才慢慢回到现实中来。囚监谩骂恫吓着囚犯，一刻也没闲着，只要有人稍微动一下，这个倒霉鬼的脑门上就会吃他一棒，重重地摔在地上，就像跌倒在屠宰场地上的公牛一样。布拉塞痛恨这个囚监：不是因为他的残忍，而是因为他对自己民族的背叛——他是波兰人，却以殴打波兰人为乐。

布拉塞鼓起勇气，走过去。

"鲁斯基，听着，请你让我给这三个男人一根烟抽……"

他不怀好意地看着布拉塞。

"去你的！"

"你瞧，"布拉塞从口袋里拿出十根烟，说，"我给他们每人一根烟，剩下来的七根都给你。你看怎样？"

鲁斯基露齿而笑，没有回答问题便直接伸出贪婪的手，接过香烟。随后，他转到墙边，装作什么也没看见。

布拉塞走到三位日维兹老乡身边，他们这时候才抬眼认出了他。他们脸上写满了不解与喜悦，而布拉塞则报以热情的微笑。他们不能说话，也没有必要讲话。布拉塞给他们点上烟，他们愉快地吸着烟，脸上的表情也放松下来，一时间这三个波兰犹太人仿佛回到了过去安逸美好的时光。瓦兹伯格向布拉塞挤了挤眼，低声说了个笑话，小心地不让鲁斯基听见。

"当这边都结束了,您可以来我这儿免费吃饭……"

这时的鲁斯基正和马尔兹有说有笑,布拉塞赶紧拉起制服,把手伸进裤兜。他在裤兜里缝了一个秘密口袋,里面藏了一些食物。他取出一块面包,交给三位故人。他们三个瞪大了眼睛看着,迅速地把面包塞进嘴里,嚼也没嚼就咽了下去。他们知道这块面包可以帮助自己多挨上一天。斯瓦兹是最年长的一个,他向布拉塞伸手——想紧紧抓住他的手,不过谨慎的斯瓦兹克制住了自己,他的眼里蓄满泪水,低声说道:"谢谢!你是一个好人!"

布拉塞也有要哭出来的冲动,但是他不可以。如果被马尔兹发现了,他必须编出一个合理的解释,而这对于他的老乡们而言又意味着灭顶之灾。他悄悄地与他们告别,回到了自己的位置上。他来到鲁斯基身边,犹豫了一下,然后下定决心开口对他说:"鲁斯基,我想求你一件事……"

波兰囚监挑衅地看着他。

"你在干什么?你胆敢打断你上级的讲话?"

"求求你,听我说!"

"听他讲,"马尔兹充满轻蔑地说,"我们的艺术家总要提出一些要求。你只要尽可能地利用这些机会就行了……"

马尔兹笑着走开了，而鲁斯基充满恶意地看着布拉塞。

"所以，你到底想干什么？"

布拉塞指了指他的三个老乡。

"鲁斯基，我求你了，如果你要杀死那几个犹太人，请你不要折磨他们……"

"你疯了吗？我想怎么杀就怎么杀！"

"算我求你了，鲁斯基！我没有什么能给你的，这就是一个请求，我求你：别折磨这三个人！"

囚监皱了皱眉头，仿佛在努力搞明白这荒唐的请求是为了什么，他沉默着一言不发。后来他突然生气地嘶吼道："我不接受任何人的命令！更何况是你！"

"鲁斯基，求求你……"

他转过身去，继续对囚犯大吼大叫。

过了一会儿，布拉塞给瓦兹伯格、斯宾琳谷和斯瓦兹拍肖像照。他们就像其他成百上千的囚犯一样，聚焦在他的蔡司镜头之中，然后淡出，再没有其他无声的交流。他注视着老乡们佝偻的背和彷徨的脚步，渐渐消失在走廊之中，而工作室的门径自关上了。

下午五点以后，布拉塞待在暗室中想起那三个日维兹的犹太人，心情沉重。他也想起了母亲、父亲和兄弟，对于这些亲人他一无所知，所有曾经怀有的希望都已经破灭了。还有一样东西折磨得他最深：懊悔。布拉塞能够进行理性思考，他热爱生活、敬爱生活，可是他却要向一个刽子手请求，而且是温柔地杀死他们。

几天过去了，布拉塞一直在等待瓦兹伯格、斯宾琳谷和斯瓦兹的死讯，他想知道鲁斯基到底有没有接受他的请求。他知道囚监喜欢怎么处死囚犯：囚监喜欢痛打趴在地上的囚犯的脊柱，用铲子上的棍子压在囚犯的喉咙上，然后他走到棍子上去，却不把全身的重量都压在上面。这样他就可以让囚犯一点点窒息，慢慢地杀死他们。布拉塞当初就是恳求他不要这么做。

不到一个星期，他知道那三个日维兹人死了：他们是在 11 栋的墙壁后面被枪毙的。

他不知道这是出于巧合，还是因为鲁斯基记得他的请求。不管怎样，这三个犹太老乡没有遭到折磨，他的内疚感也就得到减轻。

请求温柔地谋杀他人有时并不一定总是罪恶。

4

布拉塞给三个日维兹老乡拍照的那天似乎过得很漫长,仿佛那一天永远不会结束。

晚上八点,召集令过后的几分钟,瓦尔特来到26栋。摄影工作室里一个人也没有,他打开暗室的门,发现了正一个人工作的布拉塞。他抬起充满忧郁的眼睛,他以为又是马尔兹第N次闯入,但他突然意识到那是站得笔挺的队长,手里还拿着他的帽子。黑暗中,出神的布拉塞赶紧回到了自己的身体里。

"你去把别人叫过来。今天我们要工作一整夜……"

说完,他就离开了。

布拉塞甚至没有时间开口提问。

他赶紧出了门,跨过隔开25栋的一小段壕沟,把所有身份识别小组的队员都叫了回来。维奇斯基去找马尔兹,可囚监不在那里,那里只有一个德国人和其他睡着的人。后来维奇斯基向布拉塞承认自己很害怕,他怕马尔兹会因为被突然叫醒而对自己发火。但实际上马尔兹没有这么做,他把怒火发泄在了经过13栋附近的一个厨子身上……随后他们留下躺在地上半死不活的厨子走了。

身份识别小组的队员们很快做好了准备工作,但是没有任何囚犯到来。布拉塞打开灯,确定光线是准确地打在转椅上,布罗德卡往蔡司相机里装了一盒新的底片,特拉卡提前准备了囚犯身份卡:反正他知道他们当中一定有"反社会分子""吉卜赛人",或者"斯拉夫人"。而其他人准备着冲洗照片、固定影像的液体。半小时过去了,还是毫无动静,他们都快要在各自的位置上睡着了——他们把头搁在椅背上或者柜子上,或者无力地向后仰去。

布拉塞是第一个重新打起精神来的,他听见了火车的鸣笛声。一列火车在军队的护送下到达了奥斯维辛。他正想把大伙儿都叫起来时,所有人被瓦尔特突如其来的叫喊声惊醒了。

"全都起来站直!准备好开始工作!"

没过多久,他们就在黑夜的寂静中听见了一队沉重的脚步声。一开始步伐很轻,显得犹豫不决,它们慢慢靠近,变得越来越响,仿佛要将26栋给占领。"就好像是在下冰雹。"布拉塞独自沉思着,只不过现在"落下"的是人。那些即将成为囚犯的人们神色惊恐地看着窗户、围墙和屋顶,仿佛正在试图搞清楚这黑暗的意义以及等待自己的命运。

脚步声震耳欲聋,随之而来的还有囚监愤怒的德语骂喊声。这

▲
1938年，威廉·布拉塞的自拍肖像，
此时他还没有被纳粹党卫队逮捕。

▼ 2009年,威廉·布拉塞在波兰日维兹市的家中。他正在展示他在集中营里拍摄的相片,这些相片是他离开集中营时冒死保留下来的。(该照片来自盖蒂图片社)

些人总算来到身份识别小组的门前。马尔兹打开门,让集中营的"新居民"进来。瓦尔特亲自接待这些囚犯,并告诉他们要做什么。他从来没有这样勤快过,一时间好像变成了这个屋子的男主人。

布拉塞向队长靠近。

"队长大人,我能知道他们一共有多少人吗?这样我就可以知道我们应该采取怎样的工作节奏……"

瓦尔特看也没看他,回答道:"你们尽量动作快一点儿,越仔细越好。鹿特丹运来了1100个犹太人,我们从中挑选了这200多个家伙。布拉塞,我的上级希望在明天早晨之前就做好这些人的登记工作。都清楚了吗?"

布拉塞应该反对的,因为他根本不可能在短短一晚上的时间里完成200多名囚犯的拍摄工作,但是他知道说这个根本没有用。他已经在刚刚过去的白天累得半死,他不知道自己还能不能坚持到明天早晨。但是他必须完成任务,因为他不想回到集中营的轮盘赌局之中。

他立马开始执行任务,当第一个犹太人在转椅上坐好时,他低头往镜头里看,突然他惊讶地抬起头。

这些来拍照的囚犯穿着自己的衣服!显然,他们是刚刚来到集中营，这种情况布拉塞从来没有遇到过，以往他拍摄的囚犯总是穿着集中营里统一的制服。他再次从镜头里观察面前的这个人。这是一个四十来岁的男人，个头不高，微微发胖，他身穿夹克、长裤，外面披着一件厚重的羊毛大衣。他在夹克里面穿了一件白色衬衫，上面满是污渍，衬衫的扣子扣到脖子处：很明显，他的这趟旅途是寒冷的。这个男人听从布拉塞的指示，在布拉塞按下快门之前，他突然用德语说道："请等一下！"

他看了看衬衫，对那些污渍感到十分尴尬，他看着布拉塞，好像在问他该怎么办。布拉塞让他把衬衫外面的夹克的纽扣都扣上，这样就可以把脏东西遮盖起来了，男人照做了。随后他又扶了扶圆形眼镜，捋了捋自己稀疏的头发。他的手紧紧抓住他的丝绒鸭舌帽。

这个男人显然曾是一个体面人，他现在仍旧这么认为，而且他并不觉得自己是一名囚犯。或许是因为集中营还没有对他露出狰狞的真面目，他觉得等待他的将是正常、合法的登记程序，没什么值得担心的，他觉得不会有人愿意浪费时间给他拍照登记，随后就将他处死。

布拉塞按下快门，记录下这一批人中的第一个囚犯。

接下来的男人们都衣着整齐，有的甚至十分优雅。他们在运送牲口的车厢中度过了漫长的旅途，显得憔悴不已，但是，在这间摄影工作室里，他们却都恢复了高贵的面容。他们不知道前方等待着他们的到底是什么，这种无知让他们表现"如常"，没错，他们都曾是体面人。这让布拉塞重新振作起精神——这天晚上他拍出来的照片，是他迄今为止在奥斯维辛集中营里拍摄得最好的。当然他不想知道瓦尔特队长口中的1100个犹太人当中，究竟有多少能够活下来，因为他确信只需要一只手来数就行。

快到凌晨三点的时候，队员们已经拍摄了将近一半的囚犯。布拉塞停下来休息，哈欠连连的他来到走廊伸展身体，这时他看见了马尔兹。马尔兹也和另外几个同事在工作，那里还有两三个犹太人，他们负责管理一个仓库——储存从新囚犯身上搜刮来的物品的仓库。马尔兹和其他人从荷兰囚犯手中抢过行李和包，随后将它们打开，问他们哪些东西是需要的。囚犯们不敢反抗，他们本以为这些人至少会把衣服、药品和洗漱用品还给自己，结果并非如此！他们还得耐心地忍受着德国人的谩骂和殴打。

布拉塞正要回到工作室，这时，一个穿着皮草的男人把他叫住。

这个陌生男人确信守卫看不到他，就从头上摘下宽边帽。他把帽子翻过来，给布拉塞看藏在里面的东西——帽子里满是闪闪发光的钻石和各色珠宝。

"拿着这些!这够你过下半辈子了!不过求你把我救出去。"

那个男人的眼睛炯炯有神,他的口吻不容拒绝。他在往日的生活中一定习惯了命令,而且无法接受命运带给他的这个天大的玩笑。同时,他又是绝望的,但是他心里却有铁血一般强硬的生存欲望。他把帽子推向布拉塞的胸口。

"我跟你说,拿着!然后帮我!"

布拉塞往后退了一步,看着这个人。

布拉塞用眼角的余光瞥见马尔兹或者其他囚监都没有在看他,但他根本没想接受这个请求。他不可能为这个犹太人做任何事情,他也不想抢走他的珠宝,而且他知道这种交易往往会带来不幸。偷藏几块面包用来填饱肚子是一回事,参与这桩"大生意"就是另一回事了:他要是占有了这些钻石珠宝,他的下场一定会很惨。他把帽子推了回去。

"我不可以。把这个给别人吧……"

说完,布拉塞又回到了工作室。

然而,当这个男人出现在他的镜头里时,他的头上已经没了那顶帽子。布拉塞知道,他一定把这些珠宝交给了某位囚监。但是他知道这没有丝毫帮助:他不可能得救。他们仍旧会用饥饿、棍棒和苦工来折磨他。

他是一个犹太人。希望,这种奢侈的东西在这里是不属于他的。

这一晚,多少财富都化为乌有啊。

快到黎明的时候,梅什科夫斯基走到布拉塞身边。他刚从走廊出来,他向布拉塞展示了一卷钞票。那是美元,都是百元大钞。这一卷钱不少于一万美元。

"我在一个行李箱里找到的。你说我该怎么做?"

布拉塞盯着他看:他脸上闪烁着兴奋的光芒,但是同时却忧心忡忡。

"把它们烧了!"

随后他点燃一块布。

有那么几秒,梅什科夫斯基看看钱,又看看布拉塞,再看看那团火,然后他又看了一遍。他脸色惨白,内心在煎熬,他多想藏着这笔钱。如果运气好的话,如果他懂得好好使用这些钱的话,那么他就可以在奥斯维辛活下去,活得好好的。

"我让你把它们烧了!"

梅什科夫斯基又看了布拉塞一眼,最后他下定决心,伸出手,把钱丢进了火里。

之后他默默地回到暗室里去，而布拉塞又开始拍摄。

在早晨七点之前，他们终于拍完并登记好所有从夜车上挑选出来的 200 多名囚犯。

他们干得很好。

伯恩哈特·瓦尔特对自己的小组感到十分满意。

5

威廉·布拉塞有些害怕。

他竟然对全新的生活感到满意。在 26 栋，他就像一个小皇帝：他得心应手地管理着摄影工作室和暗室，上级对他的能力表示肯定，而他又服从命令，能够顺利完成一切任务。他意识到他的贡献使自己获得了一道不可侵犯的保护光环，这让他鼓起干劲，继续朝前努力。但是他也知道，任何一个德国人——包括队长和囚监——都可以因为一时的坏脾气而处死他，这毫不费力，他的生存仍旧如履薄冰。

这种恐惧挥之不去，他一点儿办法也没有。

在奥斯维辛度过的头几个月让他难以忘记，那些发生的事情历历在目。在他给囚犯拍摄照片时，他会突然看见那些死去的同伴的面目，他不得不费力揉搓双眼，这些囚犯长得很像那些神父，他们惨死在压路机下，或者是囚监科朗克曼的鞭打之下。这些人是9月份和他一起到达集中营的，而他们马上就死了，所有人。他仿佛重见那些眼神和泪水，他害怕他们向自己求助。他不得不摇摇头好让自己清醒，然后重新投入到工作之中：拍一张戴着帽子的四分之三像、一张正面像和一张侧面像，10个、100个囚犯，他不停地拍……

他的恐惧让他躲藏起来，他不想被别人看见。

早上五点半，他在号响之后才起床，因为他太留恋25栋的温暖。那里有暖炉、洗手池和淋浴间。他可以在那里洗澡，细细品呷碗里被叫作咖啡的液体，然后思考接下来一白天的工作。和他在一起的还有其他身份识别小组的队员以及有特权的囚犯，他们和德国人一起在厨房、马厩、制服司或是管理部工作。他们的日子都过得不错，他们也从不抱怨。

当布拉塞从25栋出来的时候，他迅速环顾四周，确保没有碰见什么上级人物，然后刻意低下头。如果可以，他想就这样低着头来到26栋。因为他知道，如果抬头的话，就会在这两栋之间无人管辖的地块瞥见一些不悦的场景：一个正在殴打囚犯的囚监、一个站在雪地里受罚的囚犯，或者是一个在地上费力爬行等待死亡解脱的病人。他知道他看的越少，记住的东西也会越少。

布拉塞走进26栋，开始一整天的身份识别小组的工作，他要从一大早忙活到深夜。他全情投入，用他身上的每一个细胞，将自己在卡托维兹所学的一切职业技巧和所有创造力都付诸工作之中。他从不往窗外看，这使得他能够把自己关在暗室中好几个小时不出来。在奥斯维辛有这样一个和外面真实世界相隔开的封闭角落，实在是难以想象的幸运。他不想理会外面的世界，而世界也给他留了这片清净。

那天早上，他走进工作室，看见特拉卡正拿着一支铅笔坐在摄影台前，桌上摆着一张白纸。他把摄影台当作写字桌——这是可以的，反正周围并没有德国人。特拉卡是一位文学学生，他告诉布拉塞，他是1939年11月在克拉科夫大学教室里被国防军逮捕的。那天，纳粹抓走了几十名教授，当然还有很多学生——波兰民族智慧的花朵。和布拉塞一样，特拉卡是从塔尔诺监狱转到奥斯维辛的，不过他比布拉塞早些，他是集中营的一个先驱：他的编号是660。现在，特拉卡显然不能再撰写什么文学评论了。

"瞧……"

"这是什么?"

"这是我写给我父母的一封信。"

布拉塞皱起眉头。

"你觉得该怎么把这封信寄出去?你已经试了好几次了……"

"水管工拉塞克说他已经找到了一个愿意睁一只眼闭一只眼的守卫……"

布拉塞耸了耸肩。他从来不支持这种行动,如果德国人发现了这封信,他们一定会逮出那名守卫,并杀死特拉卡。这种麻烦事可能会牵涉整个26栋,但是他显然不能阻止别人思乡。特拉卡比他更年轻,他较早地离开了克拉科夫的家人和女朋友。

布拉塞叹了一口气,他让特拉卡读一读他的信。

"我刚开始写,我要告诉他们我们集中营里的生活……"

"你疯了吗?"

特拉卡笑了。

"别担心,我什么都不说。他们会觉得我真的脑子出了问题,我讲的话他们都不会相信的。我就说一些正常的情况,这样他们就会好好的,不会担心什么。瞧:'我们来自波兰的各个角落,在这个摄影工作室里,我们仿佛是一个温馨家庭的成员。我们每天基本上都待在这里工作、吃饭,我们无话不谈,有时候还会一起做饭,举办烹饪比赛……'"

"我们什么时候做过饭?"布拉塞讽刺地问。

他耸耸肩。

"从来没有。但是我们会喜欢这个主意的,不是吗?"

"接着说……"

"我们回到棚营里只是为了睡觉,感谢上帝,我们每个人都有自己的床铺和草褥。每天早上五点半起床,确实是太早了,特别是对我来说。你们知道的,在家里我从来不会在七点之前起床。一天辛劳的工作过后,我需要更多的休息。但是我们没办法,在这里,你必须在起床号吹响后集合,并且站得笔挺,不然你就倒霉了。不管怎样,夜晚是集中营生活中最美好的部分,因为我们可以随心所欲地去做梦。没有人可以控制我的梦想,德国人也不行。我总是期待重新见到你们。这个梦是多么迷人,又是多么令我痛苦,因为我好想重获自由,回到家里……"

特拉卡抬眼看布拉塞。

"我现在就写到这里。你觉得怎么样?"

"你的运气真好。我从来不去幻想自由……"

"你想死在奥斯维辛吗,我的朋友?"

布拉塞没有回答这个问题。

他听见外面有一阵轻快的口哨声,这意味着小组的其他队员来了,特别是德国人靠近了。特拉卡把信和笔藏好,立马开始工作。几秒钟后,维奇斯基进来了,身后不远处跟着囚监马尔兹,他的心情就像往常那样糟糕。马尔兹冷得哆嗦了一下,往地上啐了一口残留在嘴里的早饭的渣子,然后赶紧去点燃炉子。马尔兹待在那里,大约十五分钟后他感觉暖和些了才走开。

早晨就这么在暗室和摄影棚的工作中平静地度过了。身份识别小组的工作开始之后,他们头一次遇到全是女性"客户"的情况。这种事从来没有发生过。

"她们从哪里来的?"布罗德卡惊讶地问。

迄今为止,他们很少拍摄女人:根据他们所了解的情况,奥斯维辛一般不收容女性。不过消息在集中营里很快就传开了,听说这里新开了一个女囚收容部,在比克瑙集中营有五六个棚营是专门留给女人的。现在,这些排队等待拍照的女人只能说明一件事情:那几个棚营住满了,而现在里面的囚犯已经走向绞肉机,准备好被集中营的利齿咀嚼吞噬。

布拉塞不知道该怎么面对这些女人。

他们从小就被教育:战争是男人的游戏。奥斯维辛也是男人的游戏,当他从镜头里看着那些斯洛伐克人、荷兰人、捷克人、法国人和其他国家的人时,他总会这样想。他知道受害者和刽子手之间有天壤之别,而他也是一名受害者,这样的事情在人类历史上延续了几千年,他这样安慰自己。罗马人对待臣服的"蛮族"从来没有温柔过,他们都是男人,眼前的这些却是女人,她们和战争没有丝毫关系,他不明白为什么这些女人会出现在这里。他内心的痛苦因而被放大了一百倍。他再也没法正眼瞧她们。他想闭上眼睛,不想看见她们。

但是他必须逼自己去看。

他面前是一位年轻的女孩:她是南斯拉夫人,特拉卡准备的牌子上这样写着。女孩面容丰盈,有着农妇特有的那种天真的表情。她身材丰满,宽大的条纹制服也藏不住她的女性特征。她的长发用手帕绑起来,在后颈处打了个结。拍摄第二张和第三张照片时,她把手帕结松开,头发就这么披散到肩膀上。可惜头发很脏,这一细节让布拉塞为之动容,因为他想起了他母亲那头永远柔亮浓密的秀发,他因此也想念起自己的家。在奥斯维辛,纳粹党首先剥夺的是女人最为珍视的一项权利——对自己的爱护。从他接受身份识别小组的任务以来,他第一次想要知道更多关于镜头前囚犯的事情。他环顾四周,并没有看到马尔兹。

"你叫什么名字?"他用德语问道。

"雅琴娜。"她回答。

对于这个问句中的真诚,女孩看起来一点儿也不惊讶。

"你为什么会在集中营?"

女孩也看了看周围,她十分谨慎,用别人几乎听不见的声音回答道:

"我以前是一名替补游击队员。他们把我抓住并带到这里……"

这短短的一句话让布拉塞惊讶不已。他有些愚蠢地问道:"还有人在对抗德国人?"

她没有回答,只是点头。

布拉塞突然感到一种愤怒,一种烦躁不安。没得到允许,他是不能接近这些囚犯的,更别说是女囚犯,而且还和她们对话。他想为这个女孩说情或者做些什么，但是他不知道该怎么做。而当比克瑙的囚监把她带走的时候，他只能站在那里，在做与不做、说与不说之间犹豫不决。

这时候马尔兹来到工作室。

"闭上嘴，布拉塞！"

"什么？"

"你给我闭上嘴，你这个蠢货！你张着嘴的样子就像一条死鱼……"

然后他坏笑了起来，说："好久没见到女人了，你怎么变成这样？哟，这也是正常的，你还年轻……"

布拉塞没有回答。他闭上嘴，重新往蔡司镜头里看。

南斯拉夫女孩之后走过来的是一个犹太女人，她要年长许多，有意思的是，她很讲究自己的姿势。她小心翼翼地把头巾的结打在下巴处，梳理一下头发，又咬了咬嘴唇，似乎想让它显得更生动些。随后是一个德国反社会分子，她的眼神坚定而邪恶。布拉塞心想，她显然会变成囚监。接下来是一个斯洛文尼亚政治犯，二十五岁。这个女人的脸蛋十分精致，就是眼睛有些小，并且眼神躲闪。还有一个荷兰人和另一个犹太人。这些女人，都是男人战争下的牺牲品。

一个多小时后，布拉塞终于抬起头休息一会儿，他看见布罗德

▲ 1944年5月，比克瑙集中营中的女囚犯。（该照片来自耶路撒冷犹太大屠杀纪念馆）

卡和特拉卡各拿着一块手帕，按在鼻子上。他们的脸上露出了厌恶的表情，这让他们显得有些丑陋。而马尔兹不见了：这很奇怪，因为他喜欢女人，每次登记女囚犯的时候他都在场。他会站在摄影台旁边盯着她们看，仔细辨认她们囚服底下身体的轮廓，只要条件允许，他会侵占所有女人。那一天绝对可以满足他对肉体的渴望，可是此刻他竟然先走开了。

过了一会儿，布拉塞看见布罗德卡和特拉卡又把手帕拿了下来，甩甩头，朝暗室走去。他打开工作室的门往走廊上看。几十个女人站在那里等待，只有一个女囚监一动不动地站在窗边看着她们：她的鼻子上也按着一块手帕。

布拉塞终于明白哪里不对劲了。

空气里弥漫着一股臭味，熏得人喘不过气来，那是几个星期没洗过澡的身体发出的味道。这气味令人难以忍受，让人喉咙里升起一股恶心。布拉塞不得不后退一步，躲到工作室里。他一直专心工作，没有意识到这味道，但是这味道正是来自那些女人。

任何对女人的念头都烟消云散了。从那一刻起，他只想赶快拍完，越快越好。他不再为达到更好的照片效果而去调整灯光，也不会再让镜头前的囚犯放松表情，他只想赶快结束这一切，他只想这些女人赶紧消失在他面前。

终于,六点过后,所有女囚犯都拍完了,身份识别小组的成员打开门窗。确实有必要换一换工作室的空气,4月初夜晚的寒冷空气就这样冲了进来。

"你知道些什么吗?"布拉塞笑着问布罗德卡。

"她们没水了。"

"什么意思?"

"她们那里没水了,棚营里或是外面都没有了,她们没办法洗澡……"

"你在开玩笑吗?"

他面无表情地看着他。

"我没有开玩笑。这是比克瑙附近棚营的一个家伙告诉我的。女人的臭气一直飘到他们那里。夏天马上要到了,这个情况很不妙:他认为这种情况是要死人的……"

"那……"

"什么?"

"那女人的……你知道,她们每个月……"

布罗德卡大笑着摇起了头。

"这是唯一一件不需要她们担心的事情。"

"为什么?"

"他们发现,大自然是站在德国人那一边的。饥饿、棍棒和寒冷会让女人的月经消失。那些女人不会来月事。这很有趣,不是吗?"

布拉塞听到这话感到反胃。他走到暗室的窗户旁,奥斯维辛头顶纯净的天空和在夕阳下流动的冰冷空气让他振作,他深刻地意识到,可怕的事情在这里是没有下限的,而他却永远没办法对此习以为常。

很快,他的思绪就被打断了。

他知道他不需要面对这些,他知道他不应该朝外面看。

而他看了,这是一个错误。

6

几米外,是孤零零的20栋。

那里收容着斑疹、伤寒病人,有一扇窗几乎就开在他的房间的对面。玻璃窗户里面开着灯,天色还没有完全黑,但是房间里面如果不开灯的话,就没法好好工作。

一个党卫队士兵在房间里来来回回地踱步。他手舞足蹈地说着些什么，而且正在对那里的某个人发脾气。

布拉塞不知道那个头戴画着骷髅记号的帽子的男人叫什么名字：他注意这个人很长时间了，但是他从来没有问过什么。他也不想知道，不过是一个名字罢了，不管他叫福克、塞勒，或者是布鲁德，这都和他没什么关系。

白天，那位士兵待在棚营的某个房间里，下午的这个时候，他永远会出现在那扇窗户后面，正好对着身份识别小组工作室。

他的手里拿着一个针筒，并把针筒举起来，背着光看——也许这就是他选择这个房间的原因：这个房间的采光最好——然后把针头朝下。

一次，两次，三次。每天下午他都要重复这个动作十来次，手势缓慢而准确。他一般需要花费几个小时。他在做事的时候，总会和别人聊天说笑，或讨论，或咒骂。他时而舒展表情，时而眉头紧锁，布拉塞因此得以推断，此刻这位士兵是否满意自己的工作，或者是对此恨得咬牙切齿。布拉塞就像在看无声、无字幕的电影，只是无法判断那个针筒里的东西到底是什么。

几分钟后，布拉塞把目光转向左侧的 20 栋入口。

好几个年轻人正排队等待，他们一言不发，不知道是谁对他们说了什么。因为距离不远，布拉塞看见他们胸口都缝着大卫之星。那天他们选的都是未成年人——这几个年轻人最大也就十四五岁。

"你知道他们是从哪里来的吗？"

维奇斯基走进暗室准备第二天要用的显像池，他听到这话就走到窗边瞄了一眼。

"我想他们大概是希腊人，厨房里的人这么讲的。好像他们中有一个男孩曾跑到厨房里要酸黄瓜。他们还在笑这件事呢……"

布拉塞看见这"死亡工厂"仍旧正常运作着。年轻人从20栋的一头活着走进去，从另一头出来的时候就变成了尸体。就像每天晚上搬尸工都会开着车子过来收集尸体一样，布拉塞每天回到自己的棚营时，都刻意不让自己看见这一景象。

不过现在他只想盯着对面房子里的士兵看。

士兵手上拿着针筒，他没有穿白大褂，布拉塞确定士兵不是医生。学会用针筒来杀人并不是一件难事，每个人都可以做到，而且很快就可以学会。他不是医生，也不可能是护士。任何军队的下士或者军士都可以做这件事，并不需要成为军官。

十五分钟后，20栋房间里的灯熄了。布拉塞看不见任何东西，他只看得到那些在门口安静地站着等待走进去的希腊犹太年轻人。

刚才那位士兵消失了，布拉塞关上窗，继续往放大器里看，努力集中精神做自己的工作：他需要冲洗几十张女人的肖像。这些照片很没劲，因为工作室里没有一个合适的布景来配合拍照，比如田野风光之类的，他对此感到沮丧。不然他就可以布置好背景再给女囚犯们拍照，照片就不会显得像现在这样枯燥。

他刚把照片浸到定影池里，就听见敲门声。他吃惊地问："谁啊？"

"是我，布拉塞先生。您的邻居！"

布拉塞不熟悉这个声音，但是他一下子就明白了。

这个男人想要什么？他从来没有来过身份识别小组的工作室，他也没必要过来，因为所有可能的合作都会直接由瓦尔特来转达。

布拉塞感到十分惊恐。突然间，这魔鬼就出现在他面前，他没法打发他离开，他想说他现在非常忙，或者扯些别的什么理由，但是捉弄党卫队士兵可是要掉脑袋的。布拉塞打开灯，清了清嗓子，说道：

"您请进！我们的门永远为上级打开！"

那人走进来，热情地和布拉塞打招呼，并介绍自己。

他很年轻，与布拉塞应该是同龄人。他手里拿着一顶黑色帽子，神态仿佛是一个囚犯,正在和德国人说话,而布拉塞就是那个德国人。他的表情有些尴尬,不像集中营里其他纳粹党人那般盛气凌人。他仔细地打量四周,观察着暗室的器械:放大器、显像池和定影池,还有一包包的照片纸。这些都是一流产品,都是瓦尔特从华沙亲自带来或者是叫人从德国运过来的。这军官吹了声口哨,来表达羡慕的情绪。

"我能为您做什么吗?"

这位军官重新望向布拉塞,笑了笑。"在队长瓦尔特的允许下,我想请您帮一个忙……"

布拉塞努力控制自己的情绪,尽量保持平静,但是他感到自己的平静被打破了,一种糟糕不安向他袭来。眼前这个男人看起来是世界上最彬彬有礼的人,可总觉得有什么地方不对劲。布拉塞向来者示意继续说下去。

军官从口袋里拿出一小张照片,把它交给布拉塞。

"这个是队长瓦尔特几天前给我拍的,正在工作的我。我想留下这张照片,但是我也想发给以前的战友一张。您知道,他们现在在法国的疗养院里,他们真幸运。而我现在却被派到这里……您觉得这可以吗?"

布拉塞接过照片把它放在桌上，看也没看就同意了。

"当然啦。您可以过几天来取……"

那军官再次笑了，露出一排洁白的牙齿，他的喜悦带着一种稚气。同时他充满敬意地朝门的方向退去，眼睛直直地看着布拉塞。

"非常感谢您。您对我非常客气。我会告诉瓦尔特队长，您向我提供了莫大的帮助……"

当他的背触碰到门的时候，他才转身去摸门把手。他又给布拉塞一个热情的示意，然后才出门，并把门关上了。

布拉塞一个人闭上眼睛，等待心跳渐渐平复下来。他把手放在满是冷汗的额头上，试着镇静下来。这张照片正倒着放在面前的桌上，白白的背面朝上。

过了好久，他才伸手去拿照片。他总算用指尖去触碰它，但是他只是抓起照片的一角，仿佛在抓一只毒虫。然后他把照片翻过来，仔细看它。

那军官穿着长裤和规定的衬衫，手里拿着斧头，正要去砍一根粗壮的树干。布拉塞知道这张照片是在哪里拍的，是在集中营附近的一个工地里拍的。他旁边还有其他木匠，他们等会儿要一起加工这树干，好做成一条横梁。

这是一张质朴的照片，它记录了一个简单的生活场景——人们正在用双手劳动。

它并不是记录党卫队每天下午所犯的例行罪行的证据。

这样挺好。

布拉塞叹了口气，不再盯着照片看，他听见从工作室里传来一阵欢声笑语。德国人在回到自己的棚营前，先停下来和身份识别小组的队员聊上几句。看起来，他们小组结交了一位新朋友。

布拉塞把小照片放在工作台上，他打算明天给他复印一张。

他站起身走到窗户旁，看了一眼20栋。

对面的房间仍然是空荡荡的，一片漆黑。那些希腊犹太人仍在门口耐心地等待召唤。

7

傍晚五点刚过，囚监马尔兹把头探进工作室，生硬地命令道：

"过来！你有一个'皮肤对象'！"

布拉塞没说什么，径直走过去打开白炽灯，从放大器里取出底片，关上机器，走到摄影工作室。这"皮肤对象"是要帮安特莱斯医生完成的照片冲洗。他不认识这位医生,但是他知道他的爱好是什么——文身。听说这位医生也会进行一些外科手术或者药物实验,但是和身份识别小组相关的就只有他对文身的兴趣。只要他遇到一个有文身的囚犯,或者别人向他汇报集中营里来了一个这样的囚犯,安特莱斯就会把他送到 26 栋。蝴蝶、水手、衣着暴露的女人、小鸟、匕首,或者是配有两根交叉胫骨的骷髅——这几个月,布拉塞拍了几十张文身照片。随后安特莱斯会派人来取这些照片。

那天晚上,布拉塞面前出现了一个四十来岁的高个子男人,他的头发又黑又密,看起来仍旧精力旺盛,显然他刚刚来到集中营,或者他已经来了一段时间,不然他就不会用那种充满骄傲和炫耀的眼神环顾四周。

"快,和摄影师先生打招呼!"

马尔兹踹了一下那男人的屁股,催他讲话,同时发出一连串轻蔑的笑声。不过那男人一动不动,就像一块石头那样,满眼怒火中烧地看着这个命令他的人。他的双手颤抖着,就快要扑到囚监的身上一样。

马尔兹也是一个强壮的大块头,不过看起来那天他好像吵够了嘴,或者他没有看起来那么迟钝,偶尔他也是会害怕的。他往囚犯的制服上啐了一口,暗自咒骂着。

"我把他交给你了!"说完,马尔兹便离开了。

他走以后,布拉塞用德语向那囚犯问话。

"你从哪里来?"

"我从但泽市来。"

"你是波兰人?"

"是的,所以他们才把我发配到这里。"

他们很快用母语交谈起来,布拉塞给他点了一根烟,想和他聊几句。他知道这人名叫卡罗,他是一艘海船上的司炉。布拉塞心想:看着这身肌肉,没有比他更适合做这个的了。他于1939年在但泽入职后一直干得不错,后来事情就变得越来越复杂。

"我在海船上工作,周游世界。我很少回波兰,每次回来就停留几天,只是为了装货、加煤,我们几乎没有意识到战争的存在。纳粹党对我的锅炉兴趣不大,就这样我安全地在船上待了快两年。可是后来,他们也开始打我们的主意……"

"怎么说?"

"有一天,他们让所有波兰海员从停港的船上下来。但泽现在是德国人的了,他们想要我更换国籍,让我变成德国人。我说得更明白一点儿吧,也就是让我成为纳粹党人,发配到前线去。他们试图通过殴打让我改变主意,但是我就是不同意。让我们看看我这个决定到底对不对……"

布拉塞对他说他也经历过同样糟糕的事情:他也拒绝为纳粹卖命。更糟糕的是,他的身体里流淌着雅利安人的血。他们两人出于同样的原因被关押在奥斯维辛集中营,他们都不知道自己是否能够活着出去。他问这位壮汉,是否知道自己被送到身份识别小组拍照的原因,卡罗只是摇头。布拉塞笑了。

"没关系,我知道。你是安特莱斯医生口中的'皮肤对象'。"布拉塞说道。

卡罗皱了皱眉,问道:"我是什么?安特莱斯医生是谁?"

"他是一位有着特殊爱好的医生。你把外套脱了……"布拉塞说道。

卡罗脱下制服外套,布拉塞观察着这个囚犯的胸口和手臂。他什么也没看见,肚子上也什么都没有。

"脱下裤子和内裤。"

卡罗犹豫了,布拉塞做了个安慰人的手势,说道:

"别担心,没什么奇怪的……"

但是这个男人的腿上，甚至腹股沟处也没有任何文身。

他让卡罗转身。这时布拉塞才看到安特莱斯医生为之疯狂的文身。他不由得惊叹，并让其他人过来。

"喂，快过来！这绝对不容错过啊……"

身份识别小组的队员都放下手头的工作来到摄影台旁。布拉塞说得对，这可能是26栋迄今为止见过的最美丽的因犯。

"你简直是一个活的艺术品啊，朋友！"华利兹尼亚克赞叹道，他说出了所有小组队员的心声。

卡罗的整个背部刺有彩色文身。那是一大幅描绘着《创世纪》中伊甸园里所发生的最负盛名的桥段：整幅作品的左边是手里拿着禁果的亚当，中间有一棵生命之树，象征着诱惑的蛇盘绕在上面，它正在劝说上帝的造物去品尝第二个禁果；右边的夏娃目光朝向亚当，她的手里也有一个禁果。

"我不认为他能够忍受住诱惑。三个禁果，这实在是太多了……"

布拉塞大声说出了自己的想法，虽然这只不过是他的自言自语。

"是啊，"梅什科夫斯基回应道，"就是因为他的缘故，现在我们都在这该死的奥斯维辛……"

大家都苦涩地笑起来，毕竟这家伙说的是真相。在集中营里每天都会上演恐怖的事情，如果承受这些是人都难逃的命运，那么只能推断导致此命运的原罪也是充满罪恶的。上帝仍旧在为亚当和夏娃的罪恶惩罚着人类，他从不露出心满意足的神色。可能，人就是要永远停留在地狱之中的。

"你们看见夏娃看亚当的眼神了吗？"

文身美妙绝伦，细节丰富而精准，连蛇身上的鳞片和女人的头发都刻画得丝丝入扣。画面充盈着饱满的色彩——主要是红色和蓝色。而这些流动的色彩线条仿佛在暗示些什么，夏娃放浪的眼神正诉说着她对男人的欲望。

"这是谁给你文的，卡罗？"

"这是好几年前的事了，西班牙瓦伦西亚的一个家伙给我文的。这很漂亮，不是吗？"

"太美了。"布拉塞说，"我们现在要拍的就是这个。"

卡罗笑了。

"这大概就是你们安特莱斯医生的爱好？"

"是的。我们都服从他的命令，虽然这些命令有时很难执行……"

身份识别小组的装备只适合拍人物肖像。布拉塞害怕有一天有人叫他去拍群像，因为光有他的职业技能是不够的——工作室的装备并不充足:其实这个波兰人司炉卡罗宽大的背部就已经造成拍摄的困难了。转椅和蔡司相机都牢牢固定在地板上,它们没法移动,这也使得人物拍摄永远都不会失焦。可是想要拍摄这位健壮的男人,唯一的办法就是让他双腿分开,背过来反坐在转椅上,让背部出现在镜头里,同时调整台灯,好让光线充分打在背部。为了取得最佳摄影效果,布拉塞分别采用不同的灯光拍摄了三组照片。整个过程下来就花掉了一个多小时的时间。当拍摄工作结束时,他舒心地叹了口气。

"结束了,你可以穿上衣服了。"

"不错……"

工作室是有暖气的,但是在拍摄的位置光着身子待久了,还是会着凉。卡罗开始打喷嚏,一次,两次,三次。

他离开前又抽了一根烟,脸上露出满意的神色。他说,这是他到集中营后抽的头两根烟。

"你不抽烟?"他好奇地向布拉塞问道。

"不。但是我喜欢给别人抽。这样,来我这儿的人会感觉好一些……"

卡罗环顾四周。他的表情很明白:人在这个屋子里待着很舒服,身份识别小组的人按命令布置一切,他不想离开。但是他知道,他没有选择。

"你们的医生要拿这些文身照片做什么?"

布拉塞眼神迷茫地看着他。

"我不知道。我估计他要把照片放在档案里。也许这对他的研究有用……"

"是这样……"卡罗嘟囔着。

烟几乎烧到手指了,他才把它放下,跨出门。

"你们是好人。再见了……"

布拉塞盯着他远去的背影足有一分钟,他看着卡罗转弯离开,整个人消失在夜色之中,他才重新回到工作室里去。布拉塞心情不好,因为他向卡罗撒了谎。其实,他并不知道安特莱斯医生要拿这些照片做什么,他也不知道他为什么这么喜欢文身。显然,这些照片的科学价值几乎为零。马尔兹总会带来一个"皮肤对象",但是他从来不会过问太多。这是他自己定下的原则:不要去管任何身份识别小组以外的事情。

但是关于安特莱斯医生的疑问的答案还是不请自来。那个时候,布拉塞都快要忘记卡罗的事情了,他没有去打听他,他也不想知道,但是在奥斯维辛，没有一个角落不散发着死亡的臭气：死亡从一头游荡到另一头。

卡罗来到26栋的一个半月之后，布拉塞的一个克拉科夫的朋友梅杰斯劳·莫拉瓦托人传话说，有些有趣的东西要给他看。布拉塞装作没收到这个消息，因为莫拉瓦在焚尸场工作，而布拉塞已经受够了，因为他来奥斯维辛的头两个月里，他被迫往那里运送"死亡工厂"制造的尸体。但是他的朋友坚持要他过去，并要他抓紧时间：他要给他看一些非比寻常的东西。

就这样，某个清晨，布拉塞在冲洗照片前，跳上了一辆运送尸体小队的车，叫人把他带到焚尸场。他忧心忡忡，但是他也感到外面的空气带来的新鲜感。当莫拉瓦看见布拉塞的时候，他高兴地和他打招呼并抱住他。他们已经好几个星期没有见面了，这种确定两人仍旧活着的感觉很好。

"跟我来，我知道你一定会感兴趣……"

莫拉瓦经过火炉，他的"同事"正一刻不停地往火里投放尸体，他把布拉塞带到焚尸场的尽头。他们在一张长而宽的桌子旁边停下，上面满满地铺着一样东西。莫拉瓦抓住布拉塞的手臂，说道：

"你知道这是什么吗？我想给你看看，这样我就有一个见证人了。如果我有幸活着出去,我一定会和别人讲这件事,但我需要有人相信我,所以我才把你叫来。讲故事的人必须要有很多……"

在桌上,布拉塞看见了卡罗背部的皮肤。皮肤看起来保存良好,它铺在桌上,四周用重物固定好。

布拉塞的膝盖开始颤抖,他试图说些什么,但是他的喉咙哽咽了。他张了两次嘴,终于讲出了话,他问:"这是谁做的?"

莫拉瓦没有回答。他低头,一言不发。

布拉塞受到了巨大的震动,他不知道剥下人皮意味着什么。他跪在地上,开始呕吐。

莫拉瓦陪在他身边,然后把他拖出焚尸场。

"是安特莱斯医生命令你剥下卡罗的文身的吗?"

"是的,他亲自来了……"

"他跟你讲了什么?"

莫拉瓦直直地看着布拉塞的双眼。

"他要我小心处理这张人皮,好好硝制它,因为他要用它来包一本书。他是这么说的。他跟我重复了两次。你明白这是什么意思吗?一个人被处死仅仅是因为一个神经病医生想要给一本书包封皮。你觉得什么书这样珍贵?"

布拉塞没有回答这愚蠢的问题，他只是颤颤巍巍地走开。焚尸场离身份识别小组有好一段路，不过他需要一段时间来思考，好平复心情。

是的，那个男人死了，就因为这里有一个脑子不正常的医生想要用他的皮来包装一本书。这是真的，事情就是这么发生的。但泽的司炉卡罗是被枪毙的，还是勒死的，抑或是吊死的？具体的他不知道，只是因为安特莱斯想要装点他的书房。这件事肯定是发生了，这是毫无疑问的，他的大脑对这一疯狂行径表示抗拒。布拉塞不觉得自己有能力接受这一事实：这对于他来说太沉重了，而他只想做一个健康的正常人。在奥斯维辛生存是否需要一点点疯狂？回答是肯定的，这疯狂是需要的，只要他想活下去，就必须接受它。

布拉塞走到一半的时候，突然想起安特莱斯医生在7栋工作，他的"病人"也在那里。布拉塞想过去看看，好知道这位医生长什么模样。

布拉塞站在路中央一动不动地思索着，旁边没有别人，要是他被囚监或是党卫队士兵看见了，他很可能会被揍一顿，因为他正在漫无目地瞎逛。

最后他决定不去看安特莱斯医生的脸，因为他一旦看见他的脸，他就会把它深深地印在脑海中,挥之不去。他最好还是回到身份识别小组,关起门投入到摄影室的工作之中。

他有无数底片要冲洗,这是他唯一的职责。

8

那天早晨,26栋里充斥着一种无法言说的混乱。

两天前,指挥员的书记员病了,他们就把暗室的华利兹尼亚克叫去顶替。但华利兹尼亚克根本不擅长做那个,他把召集工作搞得一团糟:十点的时候,走廊里来了两队囚犯,一队男囚,一队女囚。囚犯们默不作声、一动不动,好不激起囚监的怒火,而这些管事的却自己吵了起来,他们正在争谁先拍照。布拉塞冲到走廊里喊,让他们安静。

"够了!我们这样:先来一个女人,然后是一个男人,两条队伍交替进行。这样你们都可以少浪费一些时间。行吗?"

囚监瞪着布拉塞,就这样终于享有半分钟的清静。随后,他们又吵了起来,真是当布拉塞的话是放屁。

"难道我该把瓦尔特队长叫来吗?"

这样的威胁让两人立马闭上了嘴，布拉塞满意地点点头。

"就按照我说的做。第一个过来！"

工作室里马上进来了一个尚显年轻的男人，他有些肥胖，囚服把他裹得紧紧的。早上他想要一件更宽大的，可这让他的眼睛挨了一拳，被打黑了。布拉塞不得不让他回去。然后是一位中年妇女，她是一个犹太人，有着金色的卷发。妇女的眼神在布拉塞的镜头中闪闪发亮，那是属于一位永远不会为困难打倒的母亲的眼神，她就是不能放手，她必须坚持到底——她要救出儿女、兄弟姐妹、丈夫和父亲，绝不能被打败。

有的母亲会拥有这样的眼神，在奥斯维辛里也有这样的眼神。布拉塞朝她微笑，他被这些无法言说的美好情感所打动。随后，蔡司镜头里出现的是一个荷兰政治犯的脸，他额头紧缩、眉毛抬起，仿佛害怕这照相机会吸走他的灵魂。接下来是一个女囚犯，然后是另一个荷兰年轻人，他也是政治犯：不管布拉塞怎么请求，他都没办法正视镜头。在拍正面照时，年轻人总是固执地低着头。布拉塞真想骂人，或者冲上去打人，不过他克制住了。他不想令囚监随后殴打他，最后也就随他去了，反正照片拍出来不会好的。这是他进入身份识别小组后拍摄的第一张糟糕的照片，之前他总能想办法补救。当他在给一位女盲人拍摄时,走廊里又出现一阵混乱,他怒火中烧,跑到外面看发生了什么。

男囚监和女囚监在地上扭打成一团,他们穷凶极恶,对彼此毫不手软,而地上躺着一个很年轻的姑娘,她的手捂住满是鲜血的脸。布拉塞打开门,所有人都看向他:所有人脸上的表情好像是一个把手伸进布袋里偷东西却被发现的小孩的样子。两个囚监起身,四周突然安静下来,只听得囚犯微弱的呻吟。

"怎么了?"

"我们没什么好解释的,你这坨屎。"刚打完架的男囚监不屑一顾地回答道。布拉塞看着他,意识到这是鲁斯基,他的心不由得一紧。

"他打了我们的一个囚犯。"他的对手控诉道。

"为什么要这么做?"

"我去摸她,可是这小兔崽子竟然斜眼看我,这就是为什么!"

"你说谎!我们知道你把手放在哪里,你这个家伙!你把手放到她大腿中间……"

两个囚监斗起嘴来,布拉塞看向那引起争执的元凶:躺在地上的小女孩,绝对不超过十四岁,她看起来是如此娇弱,这让鲁斯基的理由显得无比荒唐。这个小家伙根本不可能去反抗像鲁斯基这样的坏蛋，她肯定不敢瞪他。她费劲地从地上爬起来。布拉塞指着她说：

"你们让她过来。"

小女孩犹豫着走进了工作室，她坐下来，或者说她是爬上了转椅。她像一只受到惊吓的小鸡，头发被剃得乱七八糟的，和一只刚刚出生、还没长毛的小鸡无异。布拉塞靠近转椅。

"你叫什么名字？"

"洁斯拉娃。"

"你和我一样也是波兰人吗？"

她点点头。

"你为什么会在这里？"

"他们逮捕了我全家，可是我们什么坏事也没有做……"

她的眼睛里立刻蓄满了泪水，她努力不让自己哭泣。她不想引起囚监的注意，她不想再挨打。

"现在你放心，我们拍照片，然后你好好地回到自己的棚营里……"

女孩抽了抽鼻涕，抬起头，戴上帽子——帽子的后脑勺处有流苏，然后用囚服的袖子擦了擦嘴边的血，鲁斯基的拳头落在那里。

▲ 1944年5月，比克瑙集中营。照片上是被迫与男人分开了的女人和孩子，他们正走向4号毒气室。（该照片来自耶路撒冷犹太大屠杀纪念馆）

她想笑,就像她小时候和同伴玩游戏的时候那样笑,可是她做不到。

布拉塞在取景框里观察她。囚服很宽大,就这么挂在肩上,遮去了她所有的身体曲线。额头上微斜的帽子让她变成一个假小子,布拉塞的心头涌起怜悯。命运是如此不公,竟要捉弄这样一个天真无邪的孩子。现在轮到他紧咬嘴唇好不让眼泪流出来,他感到心灰意冷。他让洁斯拉娃不要动,按下快门,然后他握着她的手,陪她走出去。他希望战争结束后的某一天,她的某个朋友或者亲戚在集中营的档案里能够找到她的照片:这样她也会被人记住,这样她就不会枉死。

这个时候,马尔兹进来了。

"布罗德卡,出来!瓦尔特和霍夫曼需要你!"

布罗德卡看向布拉塞,他点头示意。

"让维奇斯基离开暗室,你尽早回来。"

"好的。"

布罗德卡在工作室里呼叫维奇斯基,好过来接替他负责蔡司相机的底片盒的工作,而他带上一台小的配有取景框的随身相机,和马尔兹走到外面。这次把他从 26 栋召集出来去完成的可是非比寻常的任务。瓦尔特和他的下属恩斯特·霍夫曼经常在集中营里拍摄照片，在特别情况下，他们就会叫布罗德卡来帮助他们：他的这个任务很特别。

布罗德卡一小时后回到工作室，布拉塞没有问什么。他看见他安静地回到自己的摄影桌前，低头干巴巴地干活。一直到临近傍晚时，两排囚犯终于都拍完了。五点刚过，布拉塞才讲话：

"今天又有几个？"

"两个……"

"在哪里？"

"一个在12栋自己吊死了，还有一个扑到电线上……我几小时前就把胶卷交给梅什科夫斯基让他冲洗出来：我希望已经印好了。瓦尔特和霍夫曼今晚就想看到这些照片……"

布拉塞忧心忡忡地思考着。

"队长今天还拿走了我周三刚冲洗出来的一本相册，他们真的以为我们能有时间做完所有事情？"

布罗德卡耸耸肩。显然这与他无关，这不归他管，因此他不需要考虑该如何解决这些问题。不过布拉塞并不会因为这无礼的表现而生气。在26栋之外，人们都戏谑地叫布罗德卡为"自杀摄影师"，早上他在队长、囚监和囚犯当中待了好一会儿,他依旧显得恍惚。

"他们很年轻?"

"有一个是的,那个吊死的家伙。"

"12栋都有谁来了?"

"来自欧洲各地的人。他是昨天晚上吊死的。他把囚服扯成条儿,把自己挂在梁上。其他人是在起床号响起前发现他的,他就那么挂在上面,直到我们过去。他们告诉我,这个人是从比利时来的,他刚刚二十五岁。"

"他比我大两岁……"布拉塞打断他说道。

"比我大三岁……"

"别人都没发现?"

"没有,至少他们是这么说的。我知道他附近床位的囚友肯定都看见了,他肯定有动静,不过如果他们这样讲就等于承认了没有去阻止他,或者没有去叫囚监过来。瓦尔特也是这么认为的,但是他根本没兴趣管这些事情,只要我过去拍照就行了。他一定要我拍掉一整卷胶卷,每个角度都要拍。他还叫人从党卫队那里带来两个电池台灯:棚营里漆黑一片,什么也看不见……"

他停下来歇口气,思考着,随后总结道:"那个家伙的表情很平静。

如果他生前很痛苦,那么他一定感到安慰,因为他终于可以结束这一切了……"

"另外一个呢?"

布罗德卡痴痴地笑起来,说道:"另一个家伙更狡猾,他比我们都要狡猾!"

"这是什么意思?"

年轻人点燃一根烟,这可以帮助他更好地回忆。布罗德卡把所有他换来的烟都抽完了,有的时候他一天要抽十根,没人知道他是从哪里弄来这些烟的。他说只有抽烟的时候,才能平静下来,他才能摆脱这种压力。

"这人五十多岁了,他刚从火车上下来。我以为这样年纪的人肯定直接被处死了,可是并不是这样。他被选中,走向棚营,而他已经知道这里是什么情况。他比我们都要聪明,他也更加勇敢……"

布拉塞一脸阴沉地看着他。

"你为什么这么说?你觉得我们都是懦夫?只因为我们想活下去?"

布罗德卡伸长手臂,用香烟在空中比画出一个半圆。

"他没有等到最后。我们仍有幻想,认为我们可以得救。但事实不是这样的。有一天我们也会走到路的尽头，然后发现自己根本没有勇气自杀……"

布拉塞没有回答。他很生气，他不是懦夫，他只是想走下去，试图活下来，而这不是一种罪过。他离开伙伴，试图驱赶这些念头，他要去找梅什科夫斯基。他想要拿到那天自杀者的照片：他要马上把它们冲洗出来。底片已经准备好了，在进入暗室之前，他走到坐在桌旁的华利兹尼亚克身边，他正在工作室里安安静静地干活。

1941年初，华利兹尼亚克在特拉维夫被抓，然后被送到奥斯维辛，他当时是在路上被德国人逮捕的。对于身份识别小组的"工作人员"来说，华利兹尼亚克并不是一个特别优秀的技术员，布拉塞必须教他很多东西才行，但是党卫队看中的是他身上的另一样东西——他的书法很棒，可以在上级交代制作的相册中用哥特字体写下漂亮的题词。

布拉塞冲洗照片，其他人告诉华利兹尼亚克如何排版相册，并且要在照片旁边写什么。党卫队办事很精准，他们要求每张照片旁边都记上日期、时间和地点。他们到底要用这些相册来做什么始终是一个谜：它们并不能成为德国政府办公室用来记录黑色制服军人工作的档案。他们还需要填补其他统计资料才能满足这一需求。很可能瓦尔特和他的上级只是想拿相册当作礼物送给偶尔来访奥斯维辛的各级军官。

有好几分钟，布拉塞都在欣赏"同事们"的工作：华利兹尼亚克拿着一支纤细的笔，蘸一蘸蓝钴墨水，在照片下面画着精巧的字符。随后布拉塞请华利兹尼亚克休息一会儿。

"来暗室吃点东西吧，华利兹尼亚克。从早上开始你就没吃过什么东西……"

华利兹尼亚克感到不确定地看着他。

"可是我还有好多要写的……"

"来吧！瓦尔特要过好几个小时才来呢，马尔兹又不在。没人会发现你去休息了。我在这儿给你当哨兵。"

华利兹尼亚克对他充满感激地笑了笑，起身离开座位。

布拉塞坐在他的位子上：他只想好好看看这本相册里他前几晚刚冲洗出来的照片。因为他把那赤裸的黑白底片浸到成像池里之后，就再也无法忘记那上面的图像了。

他从其他囚犯那里听来很多关于奥斯维辛筛选囚犯的事情。他刚进入集中营时，当时的组织体系还不是很健全：那时候还没有毒气室。囚犯们从旷野中下车，都被送到棚营里去，随后德国人才开始认真起来。身份识别小组的人听说过各种关于党卫队办事的传言：党卫队会选出最倒霉的一些家伙直接处死，同时决定死刑的方法，剩下的先不杀。布拉塞对于焚尸场很熟悉，但他从来没见过毒气室，也没亲自去看过。他也从来不知道筛选的过程究竟是如何进行的。

至少到目前为止，瓦尔特只会让身份识别小组制作那些关于他自己和朋友的相册：党卫队在集中营里的生活或休憩场景、他们在华沙度假的照片，或者是囚犯工作的场景、奥斯维辛扩建的场面。几天前，他们收到一些新拍的照片，这些照片拍摄的是刚刚到达的火车，画面上记录了分选囚犯的场景以及后面发生的事情。这些都是瓦尔特拍摄的，里面透露出一名记者的无畏与执着。

最大的那张封面照片拍摄的是一群人：成百上千的人刚从火车上下来，男人、女人和孩子混在一起。人们相互寻找，家人试图聚集在一起不要分开。党卫队的士兵和囚监正在给这些人分组，他们手里拿着棍子挥动着，他们喊叫着命令囚犯们往这走或者往那走。布拉塞在照片背景处发现了一样之前在暗室里没有看过的东西，他不由得打了一个寒战——黑色的浓烟直指天空。那可不是火车的烟，它是来自焚尸场的，日夜不停地燃烧，每个小时它都在工作，这也成了集中营的地标，让所有人认清方向。照片的前景中，有一位戴着白色头巾的妇女,她抱着一个新生儿。妇女背对着一个士兵,那人向她伸出手,好像在下达某个命令,而她只是试图逃开。

为了拍摄这么宽画幅的照片,瓦尔特必须爬到某个高处,他可能是爬到楼梯上,或者是站在铲土机的刮斗中,等待把他抬到空中。后面还有很多别的照片。

人们从火车上下来被分成几排队伍,等待着医生和军官来决定他们的生死。母亲的头上围着头巾,胸口带有巨大的大卫之星;男人披着大衣紧紧抓着行李箱的把手,好像他们只要把这些从家里带出来的为数不多的财产看好,一切就还如常,什么事都不会发生;孩子与母亲、妻子与丈夫、子女与老人分开,队伍最前面有三个男孩,年纪最大的那个牵着另外两个的手,他们有着少年的迷离眼神,而他们的笑还像孩子一般;女人对正在发生的事情感到迷惑不解,她们忧心忡忡地盯着目的地;男人走向棚营,他们不知道自己刚刚逃离险境,不过他们的行李已经被拿走了。

事实上,在另一张照片里有成堆的行李:一个囚监正在打开大大小小的包,把里面的东西倒出来摊着。布拉塞知道,他们首先要搜集的就是现金和珠宝,接下来是衣服,剩下洗漱用品、厨房用具、书籍与报纸等。瓦尔特的照片记载了奥斯维辛流放生活的普通的一天。然后是最后一张照片——那个让暗室中的布拉塞震撼不已的女人的眼神。那双鲜活的眼睛还保留在照片里，不安地盯着他。他发现党卫队特意让华利兹尼亚克把这张照片放到相册最后，因此布拉塞先前的推断是正确的：那个女人正在走向死亡，这张照片留下了她在这个世界上的最后一个眼神，随后她将被黑暗吞噬。华利兹尼亚克还没写上题词，不过那里放着瓦尔特的制作说明，上面写道：犹太女人进入毒气室。奥斯维辛，1941年9月30日，16：30。

　　布拉塞闭上眼睛，把相册放在桌子上。他感到深深的恐惧，他的整个脊背都发麻、颤抖。他一直试图远离，但是世界仍在不停地敲他的门。他曾努力让自己与外界隔绝，可是他越是尝试，真相越是要闯进来攻占他。他知道躲藏是无谓的，他只想一个人待着，但在奥斯维辛是根本不可能的。

　　他深信，迟早有一天，现实会过来向他讨债。而那个时候，他不得不一次性还清。

第二部
奥斯维辛：1942—1943

侍主

1942
1943

1

"布拉塞先生,请坐……"

他有些尴尬,紧紧抓着手中的帽子,微微鞠躬以示感谢,然后坐在第一排的一个位置上。

这时他才有机会观察四周,他想知道哪些人才有资格坐在房间里的前五六排。不过显然没有别人了,因为瓦尔特在他这个波兰人旁边坐下,示意工作人员可以开始了。他们关上灯,房间一片漆黑。随后,那人把投影仪打开,它开始运转,他们面前的墙上出现了一张张照片。它们都是在集中营的外面拍摄的。

布拉塞在位置上感到不安。

这些照片被随意地排在一起,边缘十分粗糙,照片拥有比例过大的空白黑底,布拉塞忍不住想问到底这是出自谁的手。通常党卫队的影片都是由身份识别小组来负责拍摄、冲洗的,不过这次显然他们被排除在外。瓦尔特好像看透了他的心思,说道:"我送到华沙请人完成的。这里的内容十分敏感……"

布拉塞的不安加剧了。党卫队队长正在给他看一些加工粗糙的东西，还特意把他叫到政治办公室来看。自从一年多前他被编入身份识别小组以后，他就再也没有踏进过政治办公室的大门，其间，很多事情都发生了翻天覆地的变化。政治办公室搬离了之前的棚营，现在占据了13栋的一整层楼。所有身着黑色制服的军官都拥有自己的办公室，而瓦尔特甚至可以获得一块小小的放映室，来给自己的朋友展示他的作品。这些细节布拉塞很快就察觉到了，但是更让他感到惊讶的是，这个德国上士对他的友好和敬意，他甚至专门请他这个波兰人而且是他一个人来欣赏这精心编排的节目。

照片一张张飞快地闪动，布拉塞看见囚犯早晨在召集令发出后聚集在一起，离开棚营，到晚上才回来，他们在党卫队的菜园里劳作、建造房屋、挖掘排污或者引导雨水的通道。布拉塞看着照片没有向瓦尔特发问，几分钟后，他突然发现一个令他震动的细节：这片子拍摄的时候是夏季，而现在却是严冬。在这些照片构建的虚拟世界中，地上没有白雪，德国人穿着夏天的制服，而囚犯也没有为了驱赶寒冷不停地跺脚。

他感到十分惊讶，便斗胆一问："先生，这是一个老片子了……"

"这是我去年9月拍摄的。布拉塞，您还记得上一个9月吗？"

布拉塞为瓦尔特的问题想得出了神,眼前的照片变得模糊起来。他没想过要记住去年的9月。在奥斯维辛,每一天都是一样的缓慢,没有人想要记住这些痛苦。集中营里没有宗教或民俗节日,没有假期,囚犯们没有办法记录时间的流逝或者标记出偶尔的停顿,除了大清早的一阵铜锣声。布拉塞在刚来的日子里显得手足无措,随后他便发明了一种日历,记录最重要的事件,这至少可以帮助他计算季节和年份。布拉塞来到奥斯维辛快两年了,他刚到这里时的记忆是混沌的,而现在他只关心工作上的变化和小组所接受的五花八门的命令,他清晰地注意到自己心头的恐惧和挥之不去的死亡威胁。之前的日子他不想回忆。相反,他最好能够把这些往事从脑海中驱逐出去。1941年2月15日对他来说是一个重要的日子,就像海面上的一个浮标。那一天,他第一次来到政治办公室。当瓦尔特低着头查阅他的档案时,他在他身后墙上的日历上看见了这个日期,那一天,幸运之轮转动了起来,从天上掉下了足以令他与命运搏斗一番的武器。之后发生的很多事情他都记得——特别是日维兹老乡们和但泽司炉卡罗被处死的事情,但是他记不得这些事情发生在具体哪个月份或者季节,不管怎样费心思索他都记不得。不,9月份没有什么特殊的理由要他注意。

他感到为难，嘟囔着说抱歉，而瓦尔特却笑了。

"9月份来了一群苏联人。您不记得了？"

一束强光照亮了波兰人布拉塞的回忆，他突然想起了发生的那些事情。之前他还觉得瓦尔特在谈论一个无比遥远的过去，而现在他意识到，这往事是如此清晰，还有与之相伴的痛楚，就好像有针扎在心脏上面。

"当然记得，先生。苏联人……"

"瞧，就在这！您看见他们排得有多整齐了吗？"

布拉塞观察着：他们排好队，这些人在战场上被打败，但是在波兰的阳光下他们仍旧英姿勃勃。成千上万的苏联战俘在几个小时之内就全部下了火车，他们准备好接受第一次召集。他们不是战俘，他们只是奥斯维辛的囚犯。

那天下午，华利兹尼亚克和维奇斯基笑着对他说："苏联人来了！他们总算来了！现在我们有好戏看了……"

身份识别小组的所有成员包括他自己都对苏联人深恶痛绝，他一向厌恶他们，自从德国纳粹于1941年发动"巴巴罗萨计划"起，斯大林便与希特勒求和，他允许希特勒攻占华沙，并参与了庆祝活动；没有人会忘记，他的决定给波兰大半的国土带来了不可磨灭的创伤。他和那些苏联人日复一日宣传并打击的沙皇或者说是帝国主义者无异。布罗德卡早就饱尝了屠杀的滋味,他咬牙切齿地说:"现在他们就会得到应有的报应……"

这件事情就这么过去了。党卫队把苏联人分到7个棚营里,用带刺的铁丝网把他们和其他囚犯分开。他们被塞在那里头,一个挨着一个,德国人根本不管这些,每天早上只给他们一点泔水吃。他们没有吃的,没人照顾,在这极寒天气里也没有衣服穿。他们甚至不被安排工作:他们就这样被关起来,等待最终被饿死的那一天。德国人的目的不是利用他们,而是消灭他们,甚至集中营的波兰人都觉得有些惊讶。

"这不可思议,"有一天,维奇斯基瞠目结舌地评论道,"德国人看不起苏联人,觉得他们连犹太人都不如……"

确实如此,哪怕是对斯大林、共产主义和布尔什维克党人政治手腕的憎恨加起来,都没办法让他们打消这"戏台戏"所带来的惶恐不安的心情。

"苏联人怎么样?"布拉塞不时会这样问。

"他们像苍蝇一样死去。"特拉卡干巴巴地回答道。他不再感到幸灾乐祸,每次回答时他的脸色都越来越阴沉,背也越来越弓。

起初的饥荒过去之后,党卫队才让苏联人干活。只有不到三分之一的苏联人能暂时留下来,而他们也注定要面对毁灭。他们的身体条件已经无法承受任何劳动,哪怕是最轻的那种。9月底,苏联红军士兵占据的7栋棚营又会被用来收容新的、普通的囚犯,奥斯维辛里再也看不到苏联人,当然偶尔可能会看到一两个。

他和瓦尔特交谈着,突然想起了9月的一天。他正穿过营地,拿着一包照片——要给安特莱斯医生送去,医生没有派任何人来取。他经过隔开苏联人棚营的铁丝网时,努力低着头不要看,但是他还是抬起了头,他的好奇心战胜了他。他不应该这样做。

在带刺的铁丝网的那一头,他看见了鬼魂。那些消瘦的生物站在那里,仿佛飘在空中一般,有些会倚在墙边,或者跪在地上,手臂耷拉在腰的两边。他们瘦得皮包骨头,眼睛愣愣地盯着遥远的某个地方。他们不抱怨,也不问什么。如果给他们一块面包,那就意味着死亡的加速——他们没法抬起手把面包塞进嘴里。布拉塞试图加快脚步,而这时,他却和其中的空洞目光相遇。他就在离铁丝网不到一米远的地方。只要他伸手,就可以碰到他们。他停下脚步,再也没法往前走。

那个家伙右腿迈了一步,靠在栅栏的一根柱子上,张着嘴。他试了两次，想要说什么，但是他什么声音也发不出来。他用尽气力又试了一次，这竟逼出了两行眼泪顺着脸颊落下。他终于用蹩脚的德语断断续续地蹦出了几个词。

"我，不，共产党……"

布拉塞无力地伸出手臂，他把手伸进铁丝网去碰那个囚犯。对他而言，仿佛是一阵龙卷风刮过。他瘫倒在地上，他的手仍抓着那栅栏柱子，布拉塞明白，那人死了。

那名红军士兵向他说出了死前最后的话语。

布拉塞跑开了，再也没有回头。

"您为什么要让我看这些，先生？"

这苏联鬼魂的记忆让他揪心，他突然转向瓦尔特，但是他很快感到懊悔。对于布拉塞，瓦尔特经常流露出欣赏与尊重的表情。有的时候瓦尔特会和他一同探讨技术问题，他总是对布拉塞给出的回答感到满意。布拉塞也认为，瓦尔特绝对不是他可能碰到的那些糟糕的家伙：他没有恶意，他不会殴打他或者其他小组成员，偶尔当他真的愤怒起来的时候，他才会大喊大叫地咒骂一阵。一年多来，他们之间建立起了一种亲密关系，这就是布拉塞生命的保障，他要不惜一切代价来维护这一资本。因此，他对自己的马虎大意感到懊悔：哪怕他们这样亲近，囚犯永远不可以把自己和上级放在一样的位置上。事实上，德国人瓦尔特的眼中闪过一丝不悦。

"您想知道我为什么把您叫到政治办公室，对吗，布拉塞先生？"

布拉塞示意表示肯定，他没有抬起头。

"请您等一下，您会明白的。现在只请您欣赏这影片……"

布拉塞激动的心情难以平复：他怎么就被单独请来看瓦尔特的这个旧片子呢？但是，只有这位纳粹军官能够满足他的好奇心，因此他只好专心看影片，在放映室的白墙上映像不断变幻着。现在镜头里出现了几位喜笑颜开的党卫队军官，他们在营地里散步，有说有笑。他们肩上背着一个防毒面具，布拉塞记得，只要囚犯看到这个，就会惊慌失措。他们以为德国人打算从空中轰炸奥斯维辛，准备要投放什么剧毒物质。也有人说，想要消灭整个奥斯维辛，只要用毒气室和比克瑙的焚尸炉就够了，他们被人嗤之以鼻：很快，囚犯中传遍了"末日在即"的消息。他们并不确定，却信誓旦旦地认为自己在劫难逃，他们就刻意放慢工作节奏，而囚监的棍棒又能反映出党卫队还希望囚犯活着——他们不可以偷懒。事实上，什么也没有发生，人们对大屠杀的恐惧得到了平抚，但是每当他们看到党卫队戴上防毒面具时，他们又会疑窦丛生。

"我们一直笑看恐惧。你们就像是笼子里的老鼠,惊恐万分,却没法逃走。现在请您看看这个,布拉塞先生……"

画面中,一个穿着制服的人关上棚营的门窗——那不是奥斯维辛的棚营。那些瘦骨嶙峋的囚犯——将死的苏联人,被赶出了他们的棚营。同样,很多病人也被赶下草床,一共有好几百个人。他们被推到紧闭的棚营里关起来。没有人抗议,也没有人试图逃跑:他们太羸弱,不足以完成这两项行动。在关门之前,党卫队的士兵往里面放了几个装满黑色牛奶的大篮子……

影片黑屏了,而布拉塞被随后墙上突然出现的白光晃得眨了一下眼睛。

一秒之后,照片又重新开始滚动起来。

那是棚营里面的景象:瓦尔特把他小小的镜头放在一个窗框上。

"我不想看,上士先生!"

布拉塞闭上眼睛,他紧紧抓住转椅的扶手。

"如果您不看的话,您就没法活着等待今晚的召集令了。"

布拉塞仍低着头,瓦尔特又一次冰冷地重复这条命令,并从口袋里掏出了手枪。

"服从我,布拉塞,要是您还想过好日子……"

布拉塞服从了，他满眼泪光，盯着墙壁。

在棚营中，那些囚犯意识到末日已至，他们惊慌失措、四下乱窜，就好像是受到进攻的蚂蚁。从篮子的黑色牛奶里冒出致命毒气，他们躲开篮子，挤在位置最遥远的墙角，从棚营的一边移动到另一边，就像是落入陷阱的虫子，无助地寻找一个出路。电影是无声的，只有投影仪发出隆隆的巨大声响，但是布拉塞还是听见了那些可怜人的叫喊。那不是人发出来的声音，而是受伤流血的野兽发出的嘶喊声和呜咽声。囚犯抓着墙，或是拍打着窗户，他们甚至踩在别人身上，可他们逃不出去。

瓦尔特点了一根烟，又递给布拉塞一根，布拉塞摇摇头。

"听我的，拿着。这可以让你平静下来……"

布拉塞用颤抖的手接下了香烟，他把它塞进嘴里。然后瓦尔特给他点上，布拉塞突然咳了起来，瓦尔特有兴味地看着他。

"你还不习惯看这些，对吗？"

布拉塞没有回答，他继续盯着墙壁，好像睡着了一般，任凭香烟在手指间一点点燃着：烟灰掉在了囚服上，但是他没有发觉。

苏联人和病人跪在地上，从他们嘴角流出了来自脏器的黑色液体，他们慢慢躺在地上，仿佛刚刚结束一天辛劳的工作，躺到家里的床上一样。他们不紧不慢地死去,脸部发肿,抽搐几下就死去了。但是时间已经过了太久,他们偶尔抬起头,仿佛在寻找干净的空气好供呼吸,他确信他们一定在承受闻所未闻的极度痛苦。无法想象在这一刻,他们的脑海里经历了什么。胶片放完了,电影结束了,而布拉塞把脸埋在双手之中。

"把这个送到身份识别小组。"

瓦尔特转身,在黑暗中示意工作人员。

房间里突然开了灯,放映结束了。工作人员把胶片滚回去,拿出胶卷,把它放在一个小小的纸盒子里。工作人员盖上放映仪的镜头,行了个军礼,离开了。

布拉塞张开嘴要讲话,可是他什么声音也发不出来。瓦尔特盯着他,面无表情,丝毫不露心迹。

"您想问我什么吗?"他有礼貌地问道。

另外那个人摇摇头,抬头看着德国人。

"我是您的奴仆,上士先生。我服从您,为您赴汤蹈火。您为什么叫我来?为什么要给我看这个片子?"

瓦尔特身子向前倾,靠近布拉塞的脸,盯着他。

"您是我的奴仆,布拉塞,您说得很对。您的身体服从于我,但是我并不满足。我想让您的头脑也服从我。我要成为您意识的主人,我要指挥您的情绪和灵魂。"

布拉塞不禁后退一步,问:"为什么?"

"因为您是我们的人。您的父亲和祖父都是奥地利人,您是雅利安人。我要您过来,我需要您!您还记得吗?我一年前就对您说过,那时我选中您来和我一起工作。"

"我是波兰人……"

瓦尔特的眼睛乌黑发亮,他的眼神坚定无比。

"您的母亲是波兰人,是她让您相信自己是波兰人。但是您母亲说的不作数。学校教您的东西,或者毕苏斯基宣扬的口号都不重要。决定您命运的是您的血液。在您的血管中,绝大部分流淌的是和我一样的鲜血:雅利安人的血。您到底还要否认您的族人多长时间?是时候回到祖国的怀抱里来了吧?"

布拉塞抬头看了看白色的墙壁。

"那请问这和苏联人、和毒气有什么关系?"

瓦尔特站起身,开始在房间里来回踱步,他的眼神从来没有离开过布拉塞,他并用另一个问句来回答他。

"您来这儿多长时间了?"

"从1940年8月31日起。"

"马上就要满两年了。您希望战争结束吗?"

"这个答案是肯定的。"

"您希望德国被打败?"

布拉塞没有回答,而他冷笑着摇摇头。

"您得把战争给忘记,布拉塞。您的那些希望毫无意义。现在我们在奥斯维辛:我们的世界就到带刺铁丝网为止。我给您看这片子,就是要您明白,我们是无所不能的。你们的生死全在我们手中。当您彻底相信这一点的时候,您就会发现,把您的真心献给我并不是一件困难的事。我会好好待您,我会让您拥有前所未有的骄傲与自豪。跟我来吧,我将给您整个世界……"

布拉塞突然感到一阵晕眩。这个男人想要把他占为己有,但是他却不打算收买他或者威胁他。他要他心甘情愿地跟他走,就像一只温顺的、言听计从的绵羊。他感到无所适从,不知道该说什么。瓦尔特咄咄逼人地继续说:

"为什么,布拉塞先生?为什么您从来不从26栋出去?为什么您从来不离开身份识别小组?"

布拉塞一脸惊讶地盯着他。

"您以为我没发现？我知道您避免任何在外面的任务，您以为凭借自己在工作室里的表现和拍摄囚犯的能力就够了。不过相信我，工作室里面并不是安全的，我不是指身体：如果我要求，囚监马尔兹很久以前就可以杀死您。不，我指的是头脑的健全。您以为您知道自己是谁，您以为您知道自己要什么，布拉塞，但是我要警告您：如果您不按照我说的来为我卖命，我会让您发疯……"

布拉塞看着他，无动于衷。

"为了避免这一危险，您只有一条出路。把您自己交给我，这样您就不会后悔……"

布拉塞摇摇晃晃地站起身，含糊地说："我现在，可以走了吗？"

"可以，不过请您明天早晨回到这里。我为您设想了一个伟大的计划，我要好好和您谈谈。现在我有些累了……"

布拉塞离开13栋，把政治办公室撇在身后。他感到震惊。他抬头看向天空，他发现天已经黑了。有那么一瞬间他担心自己错过了召集令。但是后来他意识到这种担心根本就是多余的：瓦尔特肯定专门和马尔兹交代过。

夜晚，所有人都睡着了，但是布拉塞的心情难以平复，他毫无睡意，他不想回到25栋的朋友身边，而是径直走向26栋的身份识别小组。他只想一个人待着,他希望那里没有人会来打扰他。

但事实让他失望了。

当他走进暗室时,他看见梅什科夫斯基正在印放、复制照片。布拉塞不在的时候,就由他来顶替。布拉塞靠近他,试图集中精神来检查他的工作:随着日子的推移,梅什科夫斯基变得越来越能干,但是总还是需要检查一下。布拉塞看着他,他突然有一种冲动,想要倾诉衷肠。

"你记得那些苏联人吗?梅什科夫斯基,那些去年秋天来的家伙?"

年轻人放下手里的放大器,转过身。

"当然记得。怎么了?"

"你记得他们被活活饿死,最后剩下的那一批突然间统统消失了?"

梅什科夫斯基好奇地盯着他。

"是的,我记得……但是你去了哪里?我们整个晚上都在找你,点名的时候马尔兹竟然代替你回答。你遇到什么糟糕的事情了吗?"

布拉塞挥了挥手,好像在说这个问题不值一提。

"那些苏联人死了,梅什科夫斯基,他们全都死了……"

"所以呢？我们这里的人都是要死的，不过是早晚的问题。"

"你不想知道究竟发生了什么吗？"

年轻人的嘴角微微上扬，露出轻蔑的一笑。

"我为什么要关心这件事情呢？你想告诉我，德国人又发明了什么方法来处死囚犯吗？不，谢谢你，我什么都不想知道。相反，请你让我一个人把这些活干完。这样我就可以去睡觉了。我再也站不住了……"

布拉塞灰头土脸地后退几步，他把玩着摄影材料和暗室的器械。梅什科夫斯基干完活离开了。

那天晚上，布拉塞坐在工作室里睡着了，他的脑袋耷拉在摄影台上。

他关上门，可是他仍旧无法摆脱梦魇。

苏联红军的鬼魂又向他伸出手，他的眼神写满了疑问。

而他不知道应该回答什么。

2

"我受够这些犹太人了，这就算是开场白吧。一点用处也没有……"

"什么意思,先生?"

"从今以后,再也别拍那些犹太人了,布拉塞,这根本无济于事。他们的命运已经注定,他们都要死。给他们登记信息只是在浪费我们的胶卷和纸张……"

布拉塞颤抖着,他回想起那些在他镜头前出现过的犹太人,在过去的一年中,他们曾经来到身份识别小组。他想知道他们到底有多少人,可惜他没有一个准确的答案,因为这些登记注册编号的文件都是由党卫队保管的,他们不让别人看,不过他觉得犹太人的数量已经无穷无尽了——几千,几万,甚至是整个民族。瓦尔特的这些话把这整个民族从集中营的档案中、从历史中抹去。这话是如此轻描淡写,让人难以置信。他惊讶地重复着上司的话。

"一个犹太人都不要了,上士先生?"

"也不是,也有例外,这些我们会等一等。犹太人都是要死的,但是还有一些值得研究的个体,我们现在有绝好的机会来好好研究他们。"

"我不明白,先生……"

瓦尔特微笑着。

"您现在不需要明白,布拉塞。时间到了,一切就都会清晰的。

您有一个伟大的计划，我跟您讲过。您千万不要忘记了……"

布拉塞再次颤抖起来。

这天早晨，他醒来，问自己要在政治办公室等待的究竟是什么。他心里有千万个假设，最后他放弃猜测。现在，这就是第一条指示：一个犹太人也不要！他担心这种可怕的后果会发生，便鼓起勇气评论道："没有犹太人的话，我们的工作就会少很多。先生，您是不是要减少身份识别小组的成员数目？这对我来说很困难，他们都是非常优秀的同事。"

瓦尔特摇摇头，嘲弄地回答道：

"别害怕，您的朋友不会有危险的。你们继续去讨食、取暖吧。你们会活下去的，因为你们有更多别的工作要做……"

布拉塞不解地看着他，他想要一个解释。

"说吧，布拉塞，您需要哪些东西来较好地完成润色？"

就这样，他又要回到肖像摄影的工作中。布拉塞记得，那年2月他第一次被召唤到政治办公室的时候，瓦尔特问了他一大堆关于润色的问题。但是关于这一特别的好奇，后来却没有下文了。莫非那个时候他就已经想好要给他安排类似的工作了吗？不管怎样，瓦

▲
1944年5月,在集中营内,囚犯们走向自己的营房。(该照片来自耶路撒冷犹太大屠杀纪念馆)

▲

照片拍摄于1944年5月。这些穿着条纹制服的男人，都是经过筛选留下来的，他们被认为是能够胜任集中营的劳务工作的。（该照片来自耶路撒冷犹太大屠杀纪念馆）

尔特不知道的是，对于那些他最喜爱的犹太人照片，他都进行了润色：迅速、简单，却有效，他用的是梅什科夫斯基私下给他弄来的几支铅笔。但是为了满足德国人的要求，他还需要其他器材。

"为了取得良好的润色效果，先生，首先我需要一个全新的镜头。"

瓦尔特感到惊讶。

"您的蔡司镜头哪里不好了？"

"我的蔡司镜头非常棒，但是它太精细了。它清晰地勾勒出囚犯的脸部轮廓和其他特点，它的锐度太高了，因此在它面前，哪怕是一个乌青块也会变得难以消除。这个镜头更加适合拍摄风景，而不是人物肖像，先生。我需要一个完全不一样的。"

"我不觉得这个事情和润色有什么关系，布拉塞……"

布拉塞试图用最简单的方法来解释，同时他也不想表现得傲慢无礼。当他们面对一个技术问题时，瓦尔特的水平就暴露出来了：他只是一个优秀的业余爱好者，他无法胜任领导整个摄影工作室的角色。不过，这显然不是一个适合与党卫队士官讨论的问题。他必须彬彬有礼，并且措辞清晰。

"我们需要一个更加柔和的镜头，先生，一个专门拍摄肖像的镜头。在这种镜头前，人的轮廓几乎显得失焦。但并非如此：它们只是被软化了。那些瘀青会和皮肤的颜色糅合在一起,这样一来,就根本不需要润色了。现在您明白了吗?"

瓦尔特认真听着,他对于这个问题所暗藏的下属的讽刺语气置之不理,反而热情地回应道:

"非常好,布拉塞,我选中您就是为了解决这些难题!"

"我将告诉您一些具体的技术参数,这样您就可以帮我挑选一个最合适的,另外……"

"还要什么?"

布拉塞掰着手指头比画着他所需要的东西。

"就像我去年和您说的,我需要指定硬度的铅笔,3H 和 4H 的,还有墨水笔、笔刷和一个小刷子。当然我还需要一个完成润色工作的桌子。您知道,就是类似那种工业画家使用的桌子:有倾斜角度、采光良好,这样就可以舒服地进行工作。您觉得我的要求是否过多了,先生?"

"几天之内,您就会得到所有要求的东西。今天我就会往卡托维兹市下达征收令,很快我们就会得到所有您要求的材料和器材。您还需要别的什么东西吗?"

布拉塞集中精神,这是一个良好的时机,他可以借此机会满足自己和整个小组的需要。他应该利用瓦尔特这一刻的迁就。但是他不想再要求食物或者香烟，他们在26栋的生活水准已经相当高了。他应该索要一些更加重要、庞大的东西。最后他有了一个主意。

"如果工作要增加，就像您说的，先生，我们可能需要再招一个人。您能许可我说出那些具有一定能力的囚犯的名字吗？如果在集中营里我们找到了某个摄影师，那么我们就可以利用他的能力，来生产更多的照片。您觉得呢，上士先生？"

瓦尔特二话没说就满意地答应了。

"批准，布拉塞，批准。回头您告诉我您需要谁，我就会把他交给您，哪怕是那些要被烧成灰的囚犯也行！虽然我只是一个士官，但是同志之间总要相互帮助的。而且，以后我所有的同事都要欠我一个人情，这绝对要感谢您的功劳……"

"我不明白，先生。"

"今晚您就会明白的，布拉塞。现在请您回去工作。"

布拉塞起身离开了政治办公室，他尽可能地祈祷着希望不要再踏进这个地方。瓦尔特的这些新消息和故弄玄虚让他感到费解，他就像只被猫玩弄的老鼠。但是他感到很高兴，至少他的生活不会发生翻天覆地的变化。相反，如果日后他对上级言听计从，那么他就可以全心全意地投入身份识别小组的工作，比之前还要专注，把所有在奥斯维辛发生的可怕事情都关在工作室门外。

他也很满意自己的这一灵感，他要求队长增加身份识别小组的人数，这样他就可以救几条人命。这绝对是一种非凡的成就，他感到无比自豪，他几乎都要忘记之前那一晚瓦尔特将他逼疯的威胁和关于未来伟大计划的谜团。他精神抖擞地回到 26 栋，布谷钟正好歌唱着十点钟。是时候开始工作了。布拉塞鼓励着"同事"，弓起身子往蔡司镜头里看，开始观察那一天的第一位囚犯。

那是一个容光焕发的吉卜赛人。看起来，德国人又开始清扫欧洲的罗姆人了。这已经是两周之内的第三车了。走廊里全是刚刚到这来的吉卜赛人，他们吵吵嚷嚷，浑身散发着臭味，他们紧紧抓着自己的包裹，哪怕挨揍。他们从波希米亚来，脸上挂着一种喜悦，仿佛在一年漫长的工作之后要去度假。他们不知道自己在哪里，或者他们面对整个奥斯维辛，也摆出那专属于这个民族的一种"厚颜无耻"的表情。

"天哪，太臭了！我无法忍受这个……"特拉卡小声说道，他正满脸厌恶地给那随意瘫坐在转椅上的女人准备姓名牌。

布拉塞微笑着耸耸肩。在他出生的城市日维兹，很少能看到吉卜赛人。当时他们过来,会在附近的地带扎营,在那里休息停留几天。然后他们两两踏上城市的道路——两个女人,或者一个拿着小提琴的男人和一个孩子,两个孩子,他们试图和别人交换物品:平底锅、深锅、铜锅,还有梳子、小刀、口风琴。他们不乞求施舍,只要求交换,他们很少直接接受金钱——只有当他们演奏乐曲来取悦别人的时候,或者当吉卜赛女人给城市姑娘解读掌纹的时候。也就一天,不会多。随后牧师和警察会把他们赶走,他们拆卸营地,爬上马车,重新出发,四处游荡。布拉塞记得小时候,他观察过好几次穿过日维兹的吉卜赛人的大篷车,他们要往北方走。他记得有一次还问过妈妈,他能不能跟他们一起走。妈妈紧紧抓住他的手,都把他弄疼了。

"再也不要说这样的话,布拉塞!这些可是坏人……"

现在这欧洲的罗姆女人就在他的面前,她还很年轻,不超过二十五岁,但是她已经发胖了,她有一个丰满的胸部和硕大的臀部。布拉塞用眼角余光瞥见马尔兹正用舌头舔着嘴唇,眼睛直勾勾地盯着这女人,他知道他脑子里在想些什么,那女人却没有注意到囚监。她拥有深色的头发,上面没有头巾覆盖,她身上白色衬衫的领子开着,脖子上有一串项链,耳朵上挂有假玉耳环。她的脸色泛着橄榄绿,长长的眼睛在镜头中看着布拉塞,露出友好和理解。这女人大概已经知道她的族人将要面对什么,或者她深信哪怕是纳粹也无法从土地上根除吉卜赛人。布拉塞感到意外,在这一年多的时间里,他从没在任何犹太人的目光中找到类似的东西,或许犹太人在历史上受了太多的折磨,他们不再幻想,又或许吉卜赛人仍旧年轻,他们还要经历很多事情,然后他们才会屈服。

女人顺从地配合拍照,然后离开。

其他人也跟着进来:留着胡子、头戴帽子的男人,强壮的年轻人,脸上有着木乃伊似的皮肤的佝偻老人,赤脚青少年和穿着五颜六色衣服的女人。那些超过三十岁的人——布拉塞发现了这一特别的细节——牙齿大多都烂光了,有的人嘴里甚至没了牙齿。

下午两点,布拉塞感到饥肠辘辘,他从蔡司相机桌前抬起头来,看见他的焚尸场朋友莫拉瓦正走进来。他问他来做什么,那人忧伤地长久地看着他:他就是要找他。布拉塞立刻忘记了饥饿、吉卜赛人和瓦尔特。他的胃堵住了,恐惧占领了他的心。

"我们走……"

他带莫拉瓦走进暗室。

"发生了什么可怕的事?"

上次他们见面的时候,莫拉瓦给他看了但泽司炉卡罗的文身皮肤。这件事情很骇人，但是还不至于让两个朋友停止拥抱、聊天和欢笑。现在这些友好的举动却并不适合。莫拉瓦把手伸进口袋，掏出一张纸，交给布莱斯。他看了看，问："这是什么？"

"这是今天早上的名单。如果他们发现我把这个带了出来，他们会把我直接扔进炉子里，连囚服都不用脱。快看吧……"

这名单上记录的是所有交给焚尸司的尸体主人的名字，莫拉瓦和他的"同事"把这些尸体用铲子丢进火炉里，向这个屠宰场献祭。这名单上的姓名的主人前一天还是鲜活的会思考的生命，现在他们全都化为灰烬，只剩下几颗牙齿或是几块骨头。他们的名字和他们的身体一起消失不见，而他们的骨灰被收集起来，几天后会被用作奥斯维辛附近的德国佃农的菜园肥料。

布拉塞飞快地瞟了一眼名单。在第三十行的位置，就在名单最后的地方，有一个名字，只要他再多活一天，他就会被拯救。

他的舅舅莱赫死了，他母亲的兄弟。泪水涌出来，他无法止住它们。他开始剧烈抽泣。

"我马上就怀疑那可能是你的某个亲戚，是不是？"

布拉塞点点头。他坐在放大器旁边，手撑着桌子。随后，他本能地望向窗外，仿佛想在天空中找到世界那一头的人们的行踪——

名单上的那些人。但是天空被风扫得干干净净,没有云,没有从烟囱里吹出的烟。什么都结束了,天空一蓝如洗。他舅舅的一生只剩下那个名字,那个被记录在纸上顽强留着的名字。

"你和他很熟悉吗?"

布拉塞回忆着,他笑了。

"是他教会我摄影。他的工作室是卡托维兹最好的,我十五岁的时候就跟着他。他教会了我一切本领。现在我还活着,"他哽咽了,"我亏欠他……但是你知道他是怎么死的吗?"

莫拉瓦伸开手臂。他不可能知道。

布拉塞不明白。两年来,他一直都不知道他母亲、父亲和兄弟的事情,他只是希望由于自己的被捕,他们可以变得警惕起来,好不让自己陷于险境。他并不担心年迈的父母:他知道德国人对他们做不了什么。而他的三个弟弟年纪很小,他们不可能工作,或是被应征加入国防军,他也不担心他们。他担心的是另外两个弟弟——布洛尼斯劳和雅塞克。他们比他小两三岁,正合适入伍。显然纳粹会问他们想要去哪里,天知道他们到底回答了什么。如果他们拒绝了,那么他们很可能有一天出现在奥斯维辛,所有波兰的"残渣"都会被丢到这里来。每天日出的时候,布拉塞都要担心他们的命运,在那些面容相似的囚犯面前，他都要喃喃自语。只要没有坏消息，希望就被重新点燃。或许他的兄弟们可以自己想办法，或许已经成功逃走，或许加入了英国的波兰自由军，又或许他们安然无恙。

他从来没想过去担心舅舅莱赫，因为他觉得舅舅年纪大了，又是一个安分守己只知道埋头干自己事业的人，所以从来没什么风险。谁知道他是怎么来到集中营的？谁知道他是怎么被德国人从卡托维兹的平和生活中脱离出来，送到奥斯维辛里来的？他没法解释这一切。

布拉塞苦笑着，抿着嘴。

"怎么了？"莫拉瓦问。

布拉塞在空中舞动那张名单，说："我们的命运非常奇怪，有一种有苦说不出的感觉。这里原本跟他毫无干系，但他是一名摄影师，按理说，他应该是安全的，可是他却没法保全自己。而我也在这个集中营里，能够活着正是因为我会摄影、会冲洗照片。这不可笑吗？"

这个时候，马尔兹把头钻进暗室，他怒火中烧地大吼道："布拉塞，你给我出来！是要我抓着你的脖子把你拖出来吗？"

这样他就和莫拉瓦告别了：布拉塞紧紧拥抱着他的朋友。

"谢谢你能过来,谢谢你为我冒这个险……"

"我知道下次你也会为我这样做……"

莫拉瓦一动不动地看着他,布拉塞明白他是认真的。那不是一种随意的愿望,他是发自肺腑地相信自己,布拉塞意识到他会义不容辞。

"当然。下次轮到我的时候,我一定会这么做。你要好好的……"

然后他就回去工作了。

他的镜头前又来了几十个吉卜赛人,他一直拍到下午五点。所有人都很配合,在蔡司镜头前咧开嘴展现出一个大大的笑容。其中两个还给布拉塞糖吃,来表示感谢,而布拉塞不得不拒绝这好意:他不能在囚监眼皮子底下接受囚犯的食物。

工作室和走廊里一直满是吉卜赛人叽叽喳喳的讲话声。没人能让他们闭嘴,哪怕是囚监往常的那些手段。当他们试图举起棍子打人的时候,不管是男人还是女人,他们都会一把抓住囚监的胳膊或者腿,摆出丑脸去辱骂他们,直到他们收手。于是囚监后退几步,准备发起新一轮的进攻,他们仍旧抓住脚,不停地用没人能听懂的语言高声质问。最后他们赢了,囚监精疲力竭。

就这样折腾了几个小时以后,囚监们便从走廊消失了,整个工作室变成了吉卜赛人的天下。只有马尔兹还在他的岗位上,他几乎要为这嚷嚷声发疯了。他不是看守这些吉卜赛人的囚监,他是身份识别小组的囚监,如果党卫队发现他不在岗位上待着,他们就会把他吊死。一天的工作结束时,他松了一口气,马上就走开了。

布拉塞合上蔡司镜头的保护盖,而这时他的新任务出现了。

3

"我可以进来吗?"

布拉塞、特拉卡和布罗德卡几乎同时抬起头往门口看,他们看见了三位党卫队士兵,就是单纯的士兵,他们没戴徽章也没有装饰带,他们面容丰盈,有着农民般的表情。有一点毫无疑问,他们非常年轻。显然,这是他们面对的第一项任务——他们被派到奥斯维辛。他们是从德国乡村来到这全新却残酷的世界的。在家乡时,他们或许以为战争也带有田园般的诗意。他们的表情如此天真,即使是帽子上的骷髅也不能恫吓他们。身份识别小组的成员面面相觑:第一次,他们面前出现了丝毫不会让人感到畏惧的党卫队士兵。

但这还没完,其中一个清了清嗓子,说道:

"我是士兵马丁·谢尔。上士瓦尔特派我到这里来拍摄集中营证件照片……"

"我叫费德里戈·谢尔。"

"我是胡伯特·谢尔。"

他们三个是亲兄弟。战争爆发后,他们被征入伍。他们来自巴伐利亚,一个离瓦尔特家乡菲尔特不远的小镇。他们说,正是瓦尔特在一次招募宣传活动中把他们游说过来加入党卫队的,并一直跟着他来到奥斯维辛。瓦尔特向年轻人许诺荣誉和战利品。他们天真的目光让布拉塞感到心酸,但是很快他就后悔自己会怜悯他们,内心升起一团怒火。这些士兵是那些杀死舅舅莱赫和许多囚友的禽兽的同伙,不久后,他们也会变成刽子手。但是不管怎样,他隐藏好所有情绪,邀请他们进来。

"请进,先生们,工作室为你们效劳。你们谁年纪最大?"

他们让最先讲话的那个马丁走上前,他戴着帽子,在转椅上坐子。布拉塞像给囚犯拍照那样为他拍了三张照片:正面像、侧像和四分之三像。他的身份证件属于"赢家""主人",但是在身份识别小组,胜利者和失败者的待遇却是一样的,只是他们的制服不同,还有那年轻人眼睛中的光芒。马丁、费德里戈和胡伯特的眼睛里充满了乡愁，布拉塞明白他们很想家，他们在想象自己的父母见到这些照片时的心情。他们依次从转椅上下来时，就像孩子一般心满意足。

"谢谢，布拉塞先生。我们该怎么感谢您呢？"

布拉塞微笑着摇摇头。

"不需要，先生们。这不是一个私人的工作室：我们为瓦尔特队长工作。你们满意就是对我们最好的报答……"

"来吧，布拉塞先生，我们应该报答您。您的同事不需要什么东西吗？"

布拉塞看向布罗德卡和特拉卡，他从他们贪婪的眼神中读出了对某些好处的渴望：食物或者香烟都行。他感到有些生气，因为他不想妥协，还好德国人让他脱离困境。马丁从裤子口袋里拿出了一包香烟，放在摄影台上。

"瞧，这是我和我弟弟献给你们的。拿去抽吧，这是我们的谢意……"

费德里戈和胡伯特也照着他的样子，把另外两盒香烟放在之前那盒旁边。

三位党卫队士兵握了握布拉塞的手，然后离开了。

布拉塞、布罗德卡和特拉卡三个人盯着这"财富"看。

"把其他人叫来。"布拉塞说,很快他们就把暗室里的人叫过来,维奇斯基、华利兹尼亚克和梅什科夫斯基也加入进来。

"你们说我们该怎么利用它们?"

三包香烟,每包里面有十根香烟,一共是三十根。在奥斯维辛,人会变成精明的商人。

"我们自己抽两包,剩下一包用来和厨房换面包。"

所有人都同意梅什科夫斯基的主意。

"你去和厨房的人换吗?"

梅什科夫斯基点头同意,然后布拉塞又说:"你们把我的那份也抽了吧。你们知道我不要……"

身份识别小组的五个烟民把这些香烟给分了,每人拿走四根香烟。他们可以像很久以前过自由日子的时候那样好好享受这些香烟,他们可以走进任意一家杂货店,想买多少香烟就买多少。摄影台上只剩下用来私下交易的一盒香烟。

布拉塞拿起它好好打量了一番,他都怕自己把它捏坏了,然后也把它小心翼翼地放下。

"朋友们,我们找到了一座金矿!"

4

"少尉先生,我求您,不要动……"

布拉塞弯下身子朝取景框里看,他再一次观察面前的这位肥胖的党卫队士官。他的名字叫弗朗兹·舒贝克,看起来他非常适合被交付的工作。当他进入工作室时,华利兹尼亚克用手肘戳了一下布拉塞,小声说道:"这就是加拿大司的头儿。"

没人知道这支小队为什么叫这个名字、它和加拿大有什么相关,但是奥斯维辛的所有人都知道它是做什么的。他们负责从聚集在比克瑙斜坡上的囚犯身上没收食物,储存在仓库中,然后再重新分发。他们显然不需要这么多的食物。舒贝克作为头儿,拥有巨大的权力,因为他可以享用这些美味。在奥斯维辛还没有谁能拥有这般权利和待遇,连其他党卫队的人也不行。据说,在士官和他朋友的餐桌上,食物应有尽有,从最为珍贵的法国红酒到来自波罗的海牧场最鲜美的奶酪。舒贝克胃口极佳,但是他也没法一个人把这些全都吃完,因此这个上帝的恩赐成了某种交易品。虽然没有人敢肯定,但他好像喜欢坚硬的石头,例如钻石。他私下正在积累一笔惊人的财富。

凭借这些了解,华利兹尼亚克用力地给布拉塞使了一个眼色,他希望布拉塞利用好这一机会。于是,他在拍照的时候,思考着该怎么做。

"再来一张,下士先生。"

说着,布拉塞走近士官,把他的头轻轻移到左边。舒贝克大概三十五岁,他已经长出了一个厚厚的双下巴,布拉塞必须尽可能地掩藏他这一缺陷。布拉塞想知道:为什么这个男人从来不想摆脱士官的级别?按他这个年纪来说,早就可以获得更高级别的军官肩章了。而且在战争年代,升级是轻而易举的事。布拉塞尽可能稳住自己的情绪,对他笑了笑。

"您看起来很高兴,下士先生。是升官在即了吗?"

他摇摇头,皱起了眉头。

"哎,那敢情好!可是看起来我的上级觉得我待在自己的位置上挺好的。"

"不管怎样,您在这集中营里可是大名鼎鼎啊。"

德国人看着眼前的这个波兰摄影师,他似乎在想这个人是不是在开玩笑。不过这囚犯的表情看起来很严肃。

"是的,我知道。别人都尊重我,因为我工作很认真。幸好我没有太大的事业心。对我来说,能穿着党卫队的制服就很好了,我感到非常自豪。老是改肩章的话,实在是太糟蹋东西。我倒是有一个问题:餐桌……"

布拉塞再次向他投去一个意味深长的微笑。

"好了,我们拍好了。请您站起来。"

舒贝克费力地从转椅上下来。

"我什么时候可以取照片呢?"

"几天以后,下士先生。"

士官表示同意,然后离开了。

两天以后,夜晚的召集令发出后,舒贝克再次出现了,布拉塞也准备好了他的证件照。他仔细打量着,注视着每一个细节,毕竟在这么小的照片中,细节是看不太清楚的。当他抬起头来,他的双眼闪烁着光芒。他用指尖点着四分之三像。

"太好了,实在是太好了!您成功把我变瘦了……"

他充满厌恶地摸了摸自己脖子处的双下巴。

"这个都看不太出来了,而且我绝对显得更加年轻了……"

布拉塞微微点头,客户对自己的工作满意,他感到很高兴。舒贝克并不知道这种结果是要归功于全新的蔡司镜头,而它在他拍摄前几个小时才送到。布拉塞看到了新镜头的效果，他心中一阵狂喜：通过这一镜头的效果，打印出来的照片里的线条显得更加柔和，这些照片再也不是警察局使用的那种粗糙的证件照片，而成了真正的摄影工作室的肖像作品。肥胖的下士先生是第一个享用新镜头的人，布拉塞决定无论如何他都要从中谋取利益。

"我将随时为您效劳，准备好为您完成任何工作……"

舒贝克没有让他继续说下去，而是往布拉塞身后看了看，确定瓦尔特是否在附近。他是在党卫队队长的陪同下来到身份识别小组的，他们一起聊了几句，瓦尔特就离开了。现在，他确定上级离开了，便解开制服夹克的纽扣，从里面掏出来一个黑色的纸袋，把它交给布拉塞。

"请您看看这些照片。"

布拉塞打开纸袋，从中拿出两张有着锯齿边框的黑白照片，照片很小，而且已经有些破旧了。布拉塞咬了咬嘴唇，他知道这将会是一件麻烦事，但是他不想让机会溜走。

"让我来猜一猜：他们是您的父母，先生？"

舒贝克把外套的扣子扣上，点了点头，他指了指布拉塞左手拿着的那张照片。

"是的。这张是我的父母,另一张是我的祖父母,我父亲的双亲。"

"您具体想要做什么?"

"我想要把这些照片放大。您可以把这个照片放大两倍吗?"

布拉塞没有马上回答,他摸着下巴思考着。

"照片保存得并不是很好,上面都是抓痕,还有污点。你看到这些线了吗?这可不容易去除,而且也有些褪色。白色和黑色都变成了灰色,这很糟糕,需要调整一下。总之是挺麻烦的……"

舒贝克友好地勾起他的手臂,问:

"这些问题我们有没有办法解决呢?"

布拉塞的心情开始激动起来,他需要做一个决定。如果他对面前的这个人判断失误,那么他就很可能会被带到 11 栋后的墙角枪毙,因为他试图贿赂一个党卫队士兵。而在奥斯维辛的经历让他明白,人类的腐化有的时候是有用处的,这一刻,他热切地希望他的这一行为能够带来一些东西。他选择冒险。

"是可以的,但是……"

"但是?"

布拉塞看着他的眼睛,半开玩笑地说:"为了完成照片的冲洗和定影,我需要一长条面包,还需要一块黄油,我才能好好工作。

一整块黄油。"

布拉塞微笑着,党卫队士官也报以同样的微笑。不过他完全明白,他的回答无比严肃。

"您可以得到一切想要的东西,布拉塞先生。明天请您来面包房,我什么都会给您的。不过请您好好帮我想想,怎么把这事情办好……"

舒贝克走了,布拉塞坐下来,倒吸了一口冷气。

他被自己下意识的行为所吓倒,以至于他成百上千次地问自己:怎么可以这样鲁莽?他一直觉得自己不是那种会冒险的人。然后他抬起头,看见小组所有人都围在他身边:他们没有说话,但是他们都明白刚刚发生了什么。维奇斯基把手放在他的肩上,他没有开口,但是眼睛里充满了疑问。

"面包和黄油,"他回答,"明天早上。"

其他人都充满喜悦地相互拥抱。

第二天早上,召集令刚过,布拉塞就来到面包房,它就处于厨房一栋的旁边。他刚到奥斯维辛的时候,曾在这里做过很长一段时间的帮工。舒贝克没说一句话,只是亲手把一长条黑面包和一块巨大的黄油塞到他的怀里。然后,当士兵转过身去以后,其中一个囚

▼ 1944年5月,在比克瑙集中营,从刚到这里的人们身上没收的个人物品堆积成山。(该照片来自耶路撒冷犹太大屠杀纪念馆)

犯向他使了一个眼色，并塞给他一个桶：布拉塞往里看，里面还有面包和黄油。这够他们吃好几天了。他抱着这"财富"，几乎是迈开大步跑着穿过隔开26栋的一块空地，每当他碰到什么人的时候，心里都不由得一惊。在身份识别小组，任何东西都要和所有成员分享，只留下一小部分，用来交换其他物品。

"现在我们该想办法满足下士先生……"

当天晚上，布拉塞就着手开始工作。

他使用新镜头把舒贝克留下的那张照片重新拍了一下，这样原片上的瑕疵就不会显得那样明显。底片里是全新的下士父母和祖父母的肖像，布拉塞将按照他要求的尺寸进行印放。不，为了获得士官的好感，他将再扩大一点照片的尺寸：这样一来，舒贝克就可以用正确尺寸的相框来装裱照片了。同时他调整了照片的对比度，让黑白色恢复到应有的亮度。最后只剩下润色的问题了。他让华利兹尼亚克来帮助他，因为他不仅字写得好，同时他也是一位能力出色的画家。他让华利兹尼亚克用铅笔勾勒的方式加强人像的轮廓和面部线条，这样照片就会拥有良好的效果。布拉塞随后用碳粉来遮盖亮度过强的地方，然后用漆来固定。最后他们一起欣赏着刚刚完成的工作。舒贝克的父母和祖父母看起来栩栩如生，仿佛这照片是他们当天在身份识别小组拍摄的一样——其他专业人士不可能取得与之媲美的效果。

党卫队下士来了,他拿着放大后的照片,把它放在桌上看。他仔细观察着,然后把手伸过去,好像在试图抚摸他最爱的人的脸颊,随后他把手缩了回去,他害怕把照片弄脏。他深吸一口气,坐下来,把脸靠向布拉塞。他的声音明显颤抖着。

"这照片太棒了!谢谢,谢谢!"

布拉塞微笑着。

"下士先生,爸爸妈妈是我们所拥有的最珍贵的东西。我珍视您的回忆,就像我珍视自己对双亲的回忆那般……"

舒贝克没法不去看那照片。他走之前重复了无数次感谢,然后又用力地说道:"请您随时来找我,布拉塞。在我这儿永远不愁吃的!"

布拉塞低下头,他没有回答。

随后,每周的两个或三个下午,他都会到面包房那里去,他从舒贝克那里得到面包和黄油。每次当他要走的时候,囚犯总会再多塞给他一点儿。

布拉塞感到很高兴。他不仅可以给自己拿东西吃,还可以给"同事们"。有一天晚上,当他从厨房回来的时候,他在25栋外面看见两位卡托维兹的旧识,那是他的两个中学同学,他们伸手要面包。然后,这样来要面包的人变成三个、四个,又变成五个,最后有了十来个人。每周一至两次,布拉塞都要给这些人面包和黄油。

身份识别小组没有人反对这样的慷慨。如果分享是一种必须,那么他们也应该和来乞讨的人分享,他们也有吃东西的权利。就这样,这种相对幸福的日子持续了三个月。后来有一天,布拉塞在离面包房和厨房很远的地方碰到了舒贝克。党卫队士官拦住了他,盯着他,他阴沉地对布拉塞说:"布拉塞,我的朋友,我知道你偷东西。但是在我当场捉住你之前,我什么都不能做……"

布拉塞感到浑身僵硬。这警告清晰无比。

他抓紧手中的帽子,而当士官从他身边走过的时候,他小声道着歉。

那天以后,他再也不去面包房了,他再也不去打扰加拿大司的长官,但是这供给源却没有中断。

党卫队士兵越来越频繁地来敲26栋的门。他们不仅来拍集中营的证件照,还要求拍摄个人肖像,印成明信片大小,寄给自己的妻子、母亲和兄弟。他们掏出各式各样的家庭照片,有他们小时候和父母在草地里玩耍的照片，有长大了和朋友一起划船的照片。他们想要放大、复制照片，或是要求特殊尺寸的，或是突出某些细节的。他们都是在瓦尔特的准许下过来的，他们不允许到城市里另外找摄影师，因此，越来越多的人"欠"布拉塞人情。而这些人出手都很大方，特别是涉及女朋友的时候。他们来拍照，随后把照片寄给德国的女朋友，或者要求放大女朋友的正面像，不计一切代价。

虽然这不是强求，但是他们都想要报答布拉塞和他的小组，这样一来，除了面包、黄油和香烟，他们还得到了奶酪、香肠和饼干。暗室的仓库再也不空空如也了，而布拉塞也学会了如何索要。他只要做一个小小的暗示，比如眨眨眼，党卫队的士兵就明白身份识别小组的人需要一个拿得到摸得着的感谢。这种勇气很好学会：他只需要一个眼神，不需要讲什么话。不过刚开始很困难，后来就显得很自然了，士官、军官、将官也都自愿打开口袋。只有在那些面容凶恶、充满戒备的人面前，布拉塞才低着头，一脸严肃地完成任务。他的直觉告诉他这样做，他就老老实实的。就这样，身份识别小组的日子越来越好过了。他们不能再抱怨什么，或是索取更多。

5

他们突然不得不加紧工作，尽可能地简化步骤，但他们不敢草草了事。

召集广场上都是人，党卫队完成点名后，他们让所有人都待在自己的位置上。大家都知道这是为什么。

这小型舞台是专门为特殊场合搭建的，集中营的副指挥官卡尔·弗雷兹出现在台上。布拉塞站在第二排，因此他可以近距离地观察他。他只在1940年8月31日见过他一次，那一天他从一节运载牲口的火车车厢中下来，他看见了他，但他从此再也没有忘记这个人的面容和声音。弗雷兹脸颊消瘦，他有薄薄的嘴唇，还有一个比例失调过于高耸的额头。他是金发碧眼，眼珠滴溜儿转，写满了不屑。他的声音和眼神如出一辙：他在囚犯面前，从不流露关心或者仁慈，他只想赶紧完成自己的任务。在那一年8月最后一天的晚上，他面对从塔尔努夫过来的一火车囚犯，只讲了一分钟。

"你们听着，这可不是疗养院。这是集中营。在这里，犹太人活两个星期，一个修士活三个星期，一个普通的囚犯可以活三个月。所有人都是要死的。记住这一点！如果你们记住这句话，你们就可以减少痛苦!"

这些话就这么突然地冲进摄影师布拉塞的脑子里。现在已经过去两年了,而他证实了弗雷兹的预言。在身份识别小组的蔡司镜头里出现的无数名犹太人,早就不见影踪,甚至连他都忘记了修士的存在。他再也没有见过其他从塔尔努夫和他一同到达的囚犯——能活下来的寥寥无几。而他,布拉塞,就是其中一个。

他深吸一口气,再一次被恐惧所攫住。

在最近几个月里,他过得很好,他不再恐惧暗房外面的世界。他是集中营的摄影师,他有任务在身,因此别人不敢动他。他感到自己是奥斯维辛这台大机器中的一个齿轮,他不是无关紧要的,也不是没人保护的。他再也不无时无刻地害怕被揍,或是被杀死。在26栋待着的这些日子,让他有了越来越多的安全感。而有的时候,他反而会有一种全新的心情,他自己也不愿意承认这一点:他感到负罪感。正是这种优越的条件让他感到自责。他还活着。他是一个"普通的囚犯",但他显然活得要比弗雷兹所预言的"三个月"的时间要长得多。他是靠自己的本事生存下来的,但是这却不能让他好受一些。他知道他和德国人有约定,他和那些杀人犯、犯罪野兽沉瀣一气,他们甚至配不上一个正直的人的棍棒。他活着,是因为他日日夜夜地伺候着他们，他还接受他们的好处。他还没有像瓦尔特所要求的那样全心全意地把自己奉献出去，但是他知道自己正捧着一个摇摇欲坠的瓷器。

这些念头会不时地出现在他的脑海中，当他在暗室里的时候，当暮色降临的时候，当他躺在草铺上愣愣地看着天花板的时候，这些思绪突然让他感到很难受，他不得不用力驱逐它们。现在，他站在召集广场上一动不动，这些念头又回来将他占据，而他无能为力，无法让它们消失。他的情绪变得紧张起来，他观察着奥斯维辛的副指挥官，试图让自己平静下来。副指挥官看了看台下的囚犯几秒钟，摘下帽子，递给下属拿着。他捋了捋头发，然后靠近麦克风开始讲话。这次他的讲话也非常简短。看起来，弗雷兹不是一个会浪费口舌的人。

"你们只需要遵守一条规定：不要冒犯任何一条集中营的规定。违反者都将受到惩罚，情节严重者将被处以死刑。这就是为什么你们现在都在这里听我讲话：因为我是你们的上级。我想要重新强调一下奥斯维辛的法律。我希望你们牢记在心。你们别有什么花花肠子。只有接受鞭打的人才能存活，任何反抗鞭打的人都要死去。你们听懂了吗？"

广场上的所有人都大声喊出一个"是",那声音是如此一致,如此响亮。现在他们都明白了:他们被召集起来,是为了观看一场处决。他们把头转向绞首台。在一根粗壮的横梁上挂着两圈绳索,横梁由几根垂直扎在地上的柱子支撑着,那些死刑犯将要献上最后一台演出,而舞台布景是那光秃秃的可怜的绞首架。在广场的一角出现了一个男人和一个女人,囚监推着他们走向绞首架。他们步履摇晃,两人时不时地碰撞到一起,他们喘着气、紧咬着牙齿,但是他们什么话也没说。三个囚监费力地把他们抬起来,逼迫他们爬到一把椅子上,脖子套上那个绳结。当他们站在椅子上的时候,布拉塞认出了那个男囚犯。

他用力抓住身边的特拉卡的手臂。

"我知道他是谁!"

他惊讶地看着他。

"他是你的老乡?"

"不,但是在来到身份识别小组之前,我们睡在一个棚营里。他叫加林斯基,爱德华·加林斯基,他还年轻呢。他做了什么?"

特拉卡伸出手。

"他和他的女朋友逃跑了,可惜被抓住了。他的女朋友到斯洛文尼亚边境旁的一家商店里买吃的时,就被抓起来了。他看到女朋友和警察在一块,也从藏身处走出来,他不想抛弃她。他们是这样讲的。我知道的就只有这些……"

布拉塞观察着加林斯基的脸。他的脸上满是瘀青,显然是在审讯的时候挨的打,但是现在他在死刑台上,他的脸上竟然浮现出笑容。年轻人加林斯基看着左边:他正向他的女朋友微笑。女人也被打了,她的头发乱成一团,囚服被撕开,胸口和腿部的乌青让她显得很难看,甚至有些苍老,但是她的爱人看见的却是另一个她,加林斯基将带着这一画面死去。

副指挥官一脚踹倒了椅子,这两人就悬挂在离地半米的空中。

他们挣扎了不到半分钟,女朋友先死去,加林斯基随后也死了。

这死亡是有教育意义的,必须在众目睽睽下进行。

而所有人都必须安安静静地观摩、学习。

布拉塞早就明白了其蕴含的道理,他并不需要这一堂课。只是当他认出加林斯基的时候,他的恐惧加剧了,他希望他们可以赶紧让囚犯回到棚营里去。他不想在这空旷地多待一秒钟,只有摄影室和暗室是一个可以忍受的地方。在身份识别小组之外,到处滋生着疯狂,真正的疯狂,而不是瓦尔特试图用威胁来鼓吹的疯狂。那天,当莫拉瓦在焚尸场给他看准备硝制的来自但泽的司炉卡罗的那块文身皮肤时,布拉塞有过同样的、无能为力的感受。他还没有准备好来面对并接受这一切,他觉得自己不够格。他恳求上帝,赶紧让他回到自己的避难所,而当他终于安全回到 26 栋的时候,他把自己关了起来,他的心里不停地向那被吊死的朋友请求宽恕,因为他自己还活着,而他的朋友却已经死了。他问自己:究竟什么才是真正的勇气?究竟是冒着被带上绞首架的危险出逃,还是像他那样,在党卫队士兵之间周旋,每天为自己和同伴多谋求一块面包而斗争?

他没有找到答案,就这样睡着了。

6

布拉塞弯下身子,从地上捡起那张照片……

他看着下午最后一个囚犯从身份识别小组离开,他的目光落在走廊地面上那张黑白照片上。

那是一片大海!海岸很低,海水清澈,在洁白的沙滩尽头有一片茂密的植被,远处有几座白色的房子。照片背面有一行很小的字,

▼ 1944年5月，犹太人刚从装载他们的火车上下来，正在等待筛选。这是纳粹党卫队军官命令身份识别小组成员拍摄的一张外景照片，当时这些照片收录在展现集中营这一高效运作的"死亡工厂"的档案里。（该照片来自耶路撒冷犹太大屠杀纪念馆）

写着"卡尔维附近，科西嘉"，但是最吸引布拉塞的却是另一行字迹潦草得几乎难以辨认的简短的话："吉恩写给兄弟，请你们告诉他……"

布拉塞在集中营学了一点法语，他能搞懂这些话的意思，他知道这句话还没有写完。这句话最后戛然而止，铅笔留下一串无意义的符号，就好像笔突然被人抢走，情急之下留下这仓促的、属于他们家族的记号。当布拉塞在工作室给囚犯们拍照时，就在几米外的地方发生了这件事情：这张明信片的主人一定也来蔡司镜头前拍照了，不过天知道他打算用什么办法把这个小小的长方形纸片送出集中营。

他继续看那张照片，心里突然涌起一阵强烈的乡愁，如果他没有被关到奥斯维辛里来，他可以做多少事情啊。他还从来没有看见过大海，只是在电视上见过几次，他不知道那蓝色的碧波是什么气味，也从来没有感受过海风拂面的感觉。有人倒是和他说起过这些，例如莱赫舅舅就和他讲过，他结婚的时候去过西欧，见到了地中海。他形容那地方美妙无比，那里的人们似乎永远都是快乐的，食物的质量也是最好的，但是别的就没有了。布拉塞不知道有没有机会亲自去看看，不管怎样，就连地中海阳光的魔法也没法带领囚犯逃脱被带到远方关押起来的命运。之前的那一晚，又来了满满一火车的人，为了完成身份登记的工作，他拍了一整天。

这时，26栋的门被打开的声音，布拉塞看见瓦尔特和一位级别更高的军官一起走进来。就算没有看见那人的肩章，也可以直接从队长的姿态中明白——他在上级面前显得卑躬屈膝。布拉塞仔细观察着新来的人，他是马克西米连·格拉博内，他不由得打了个寒战，此人是政治办公室的老大：好几次他都看见这个人在集中营里转悠，他的周围总是聚满了一群奴颜媚态的人，但是布拉塞从来没和他讲过话。他们两人走近了，瓦尔特开口热情地说："布拉塞先生，我向您介绍负责我们的上级——格拉博内少尉。"

布拉塞立马精神起来，他丢掉手中的照片，戴上帽子。

"3444号囚犯！听从指令！"

他不安地注视着军官领口的三个银色方块。格拉博内是他迄今为止接触到的级别最高的党卫队军官——他是政治办公室的领导人，同时也是瓦尔特和整个身份识别小组的领导人，因此，他是他们小组的老大。他的身上伴随着黑暗、死亡的气息，特别是在对待波兰人方面，因为他的首要任务就是消灭整个于1939年臣服的国家的知识分子：这一点他不断地和下属重复，要求他们在集中营里执行命令，这在囚犯当中引起恐慌。对于他的冷酷无情、愤世嫉俗和对周遭、对朋友的漠不关心,都各有传言。布拉塞却从来没听说过他亲自处死囚犯,这一点他不得不承认,或许他觉得这样卑微的工作应该交给下属来完成。但是当布拉塞直接面对他的时候,他还是觉得自己手无寸铁、浑身赤裸。

"瓦尔特上士和我说起过您,布拉塞先生,我今天终于有机会来拜访身份识别小组。你们属于我管辖的办公室中的一个,我很早就应该过来的,但是我有其他事情缠身……"

"没关系,先生。您需要我带您参观一下吗?"

那人表示同意。

"那再好不过了……"

当他们跨过工作室的门时,布拉塞看见瓦尔特一脸严肃地向他做着绝望的手势。"给我长长脸,"他是这个意思,"不然有你好看。"布拉塞示意让瓦尔特放心。他带领格拉博内少尉来到蔡司镜头旁边,然后又带他来到暗室,向他展示他所领导的团队的每一个工作细节。所有成员都在,他们见到格拉博内少尉的时候,立马全都毕恭毕敬地站好,但是他却让他们不要这样。

"你们去忙吧,别管我……"

但是不考虑他的存在和他手上所拥有的权力是一件不可能的事

▲ 马克西米连·格拉博内（1905—1947），奥斯维辛集中营政治办公室的主任，此人是集中营内部最有权力的人之一，也是身份识别小组领导人伯恩哈特·瓦尔特的直接上级。这张照片是威廉·布拉塞为其拍摄的一张精美肖像。（该照片来自奥斯维辛博物馆）

情。也许他在来到26栋之前,刚颁布了处死他们其中某一个的决定,也许是他们所有人,他不过是想在处死平民之前过来饶有兴味地看一看他统治的国度。布拉塞觉得在工作室里,每过一秒氛围都变得更为紧张,他意识到所有人的目光都落在他和少尉的背上,连瓦尔特的眼睛也一直盯着他们。

"格拉博内少尉,我跟您说过,我们的摄影师是一位真正的艺术家。您要不要借此机会拍一张绝妙的照片?"

格拉博内少尉转过身,他意识到所有人都在看着他。他的嘴角轻蔑地向上扬起,毫不在意地耸了耸肩。

"为什么不呢?自我从巴黎回来以后,我就再也没到镜头前拍过照片了。我需要做些什么?"

话音刚落,布拉塞看见瓦尔特整张脸都白了,他开始颤抖。他的上级下达了一个命令,他没有想到。而他正在问自己应该怎么做。他刚才表现得很从容,可这时张开嘴要回答,却什么话也讲不出来。瓦尔特充满恳求地看着摄影师布拉塞,他请他想想办法。

布拉塞叹了一口气。

不管怎样,那个人不过是一个工作室的"新顾客"罢了,就像之前在卡托维兹的莱赫舅舅的工作室里那样。他友好地微笑着。

"来吧，先生……"

布拉塞指了指转椅。

所有人看着格拉博内少尉爬上那个转椅，那靠背上曾经坐过半个欧洲的犹太人、吉卜赛人、犯罪分子、反社会分子和流浪汉。其他人屏住了呼吸，他们希望这个大魔头会瞬间变成一头猪，就像童话故事中的魔法那样。但是眼下什么也没有发生，格拉博内少尉还是格拉博内少尉：他个子矮小，身体精瘦，他拥有雅利安人白皙的肤色。

格拉博内少尉满意地看着布拉塞，说道："这转椅很舒服。我准备好了！"

布拉塞点点头，然后往取景框里看。

格拉博内少尉表情放松地看着镜头，他的眼神里没有了平日的邪恶。现在他的眼睛是充满平和的，几乎是充满笑意的，就像一个普通人，布拉塞突然想给他拍一张完美的照片，他对自己会产生这种想法感到惊讶。是的，他充满职业素养地考虑着，他甚至有些自豪，因为这是他的上级，如果他能让格拉博内少尉感到满意，那简直是再好不过了。布拉塞从摄影台那里起身，走到格拉博内少尉身边，问："您有梳子吗，先生？"

格拉博内少尉惊讶了一瞬，把手伸进裤子口袋里摸索。

"有的，在这里……"

"您能把头发梳一下吗？不好意思。"

格拉博内少尉迅速地把数量不多的头发往后梳齐，又拎一拎制服衬衫和外套的领子。同时，布拉塞调整了灯光的位置，把它放在离转椅远一些的地方。他迅速观察了一下他的拍摄对象，他决定赋予格拉博内少尉脸庞一些柔和的阴影：他的肖像应该显得很温和。这个男人大概四十岁，他希望蔡司镜头可以让他显得年轻，给他带来些许青春的朝气。

"现在请您微笑，先生……"

格拉博内少尉露出一个微笑，不过很快他的笑容就消失了。他的眼神又变得冰冷，他的脸部线条显得有些僵硬，他大概是突然想起了政治办公室等着他去完成的工作。他自己也意识到了这一变化："不好意思，我再试一次……"

布拉塞伸出手向他示意。

"没关系，先生。请您告诉我：您是从哪里来的？"

格拉博内少尉皱了皱眉头。

"这是什么意思？"

"您从德国的哪一地区来,先生?"

没有人曾用这种交谈的语气和格拉博内少尉讲过话,布拉塞感觉到瓦尔特屏住了呼吸,他正站在两米外的墙边。

"黑森林的一个小镇。"

"很好先生,请您想想您的故乡。回忆一下那片森林和您从小生活的地方的美丽之处……"

格拉博内少尉低头,过一会儿他的表情就放松了下来。

"现在请您看镜头,求您了!"

格拉博内少尉温柔地面朝镜头,他睁开双眼,布拉塞按下快门。

"好了!现在我们有了一张完美的照片!"

他喊出了他的焦虑、自信和恐惧。这些情绪都掺杂在一起。

只有这时,身份识别小组的所有人才松了一口气。26栋的时间就在刚才停止了,那一分钟的时间无比漫长,随后,时间才恢复了它正常的节奏。

"现在,格拉博内少尉,如果您想,我们可以去……"

格拉博内少尉对瓦尔特不予理会。他离开转椅,重新开始在工作室里缓慢地审视四周,随后他又走进暗室,静静地打量着所有设备,并从囚犯背后观察着他们的工作。这一次没有人陪着他,大家都一言不发地观察着这位格拉博内少尉古怪的行为，等待他发号施令。

最后，格拉博内少尉对布拉塞说：

"请您告诉我，布拉塞先生，你的手下都是怎样谈论我的？"

"您说什么，先生？"

格拉博内少尉冰冷地看着他。

"您听得很明白。小组成员是怎样议论我的？"

布拉塞清了清嗓子，他的大脑飞速运转着。

"您是一位出色的长官，先生。我们不可能拥有一位更好的，并且瓦尔特上士是身份识别小组的一位出色的管理者。"

"够了，别拍马屁了……您很害怕，不是吗？"

布拉塞没有回答，格拉博内少尉只是微笑着摇摇头。

"您知道吗，我没有杀过任何人？"

布拉塞浑身打了个激灵，他想知道这魔鬼到底想要干什么。

"我知道，先生。"

格拉博内少尉伸开双臂。"我可以这么做，我们现在在战争时期。在打仗的时候，杀死敌人是一件再正常不过的事情了。谁是德国的敌人，布拉塞？"

布拉塞——这个波兰人——再次不敢出声，他不知道该说什么。

不管他讲什么话，都会是错。

"德国的敌人是那些关在惩罚营里的动物……"

布拉塞脸色惨白，一动不动。

两分钟前，他还在指挥眼前的这位德国人，仿佛工作室仍处于和平年代。现在格拉博内少尉重申了他的权力，他把所有人都置于股掌之中。猎人的本性又苏醒了。布拉塞不知道那些惩罚营里的囚犯的结局是什么，他当然也不想知道。但是这个人显然是要给他仔细解释一番，和他分享自己的秘密。布拉塞想塞起耳朵，但是他不可以这样做。这时，瓦尔特就像一片纸一般颤抖着。格拉博内少尉又开始讲话，他靠近布拉塞，看着他，抬高了声音，好让小组里所有人都能听见。

"我想让您和我一起分担这一责任。每周一次，一般是在周六，我会派人拿来那些关在惩罚营里的囚犯名单，我会把他们一个一个召唤来。拉赫曼是我的助手，她是一位出色的党卫队士兵，她在你们的学校里学习过——她懂波兰语，她可以给我做翻译。我想知道他们每一个都是谁，是怎么来到集中营的，以前从事什么工作。这些囚犯对我来说不只是编号，而是上帝的造物，我必须照顾他们、关心他们。这就是为什么我要问这么多问题，我要问他们为什么会被惩罚……而他们的'罪过',很不幸,往往都是同一个。这简直无聊极了。有人说,他们之所以惩罚他是因为他没有工作完,另一个说他偷了一块面包,还有一个说是因为他早晨没起床。我看着他们,想在他们脸上找到一丝神圣的光芒,毕竟,那全能的神在给我生命的同时,也给了他们生命。但是我总是感到失望。我只看到动物的脸,我看见我面前的那些是被锁链拴起来的充满恐惧的动物。请您告诉我,布拉塞,如果人面对这样的困难就屈服,那么人还有什么伟大之处呢?"

布拉塞没有回答格拉博内少尉的问题,周围如坟墓一般的寂静。没有人敢动或是喘气。瓦尔特躲到了转椅后面。

"一点伟大之处也没有。如果在他们的眼睛里我看到了一些勇敢,我就会拯救他们。我甚至会送他们回家。但是当他们来到我的写字桌前时,他们就已经输了这场战斗:他们背叛了上帝,上帝就这么抛弃了他们。请您相信我,在这个时候不管他们活着还是死去,都没什么区别。我会决定这一切。审讯结束以后,我会在每个名字旁边画上一个'o'或者是'x'。拿到'o'的人是幸运的——他会重新回去接受纪律的安排,等待他的将是辛苦的工作,如果他有一块布,那么他将会有自我救赎的机会,拿到'x'的人也有他的幸运。我的人会把他带到 11 栋的墙那里去。您知道在 11 栋的墙那里会发生什么，对吗？"

这一次布拉塞回答了。

"是的，先生，我们都知道。"

德国人格拉博内少尉把脸凑得更近了，他把手放在布拉塞的肩膀上。

"我们做的这一切都是正确的，对吗，布拉塞？"

布拉塞满眼泪光地看着格拉博内少尉。

他伸出手臂，感到自己被打败了，他低下了头。

格拉博内少尉叹了口气，他向旁边迈了一步，从夹克上拍掉一粒难以察觉的尘埃。

"我的上级总是说，历史会证明我们。这很愚蠢，我并不是一个小朋友，心里只记得老师上课讲的话。我并不尊重历史。我知道您和你们的人早就对我有所判断，对吗，布拉塞？你们对我的判决到底是什么呢？"

布拉塞没有勇气抬起头看向格拉博内少尉，小组的所有成员也避开了他的目光。

格拉博内少尉无谓地等待着一个回答。

他很失望，往桌子上打了一拳，赶紧示意瓦尔特。

"我们走吧，上士。我很好奇，想认识他们，但是他们也不算是人。他们只有恐惧：他们是动物，它们也是。我对他们不感兴趣。我们赶紧走吧……"

然后，他在门口再次转过身："瓦尔特队长为你们说了好话，说你们个个不可或缺。不过，在惩罚营里还有很多位置，我想对你们这个小组进行一番大清洗。小心啊……"

他走出去，身后跟着下属。

身份识别小组的所有囚犯都坐下来，吓得喘不过气。

维奇斯基还是个学生，他知道他注定要成为格拉博内少尉的猎物，因为"学生"就意味着"知识分子"，政治办公室的人迟早是要过来把他消灭的。他泣不成声。

这天结束以前，别人都再没有说过一句话。

召集令过后，布拉塞回到工作室，来冲洗少尉的照片。当他把照片拿在手中的时候，他仔细观察着他。这照片拍得真不错，光和影非常平衡，但是那个人的眼神却让他惊讶不已。格拉博内少尉的眼神是如此透亮、平静，就像他在取景框中看到的无异。他没有看错。他曾在他身上发现了一丝人性，但是他又想起了他的那些话。

那时，他在心里把格拉博内少尉和刽子手画上了等号。

这张照片仿佛很烫手，他任凭它掉落在地上，不敢再次接近。

那天晚上，格拉博内少尉在26栋的地板上微笑着"躺"了一夜。

7

"今天是所有人的节日。这样说，对于集中营而言很奇怪，但事情就是这样。这一天我们每个人都会感到幸福，甚至忘记了自己所承受的痛苦。今天没有痛苦或是糟糕情绪的位置，只有快乐最重要。在这个美好的日子里，我没法再找到一个更好的机会来感谢我亲爱的朋友——鲁道夫·福利梅尔……"

演讲者因为情绪激动而哽咽了，但是所有人都拍着手，鼓励他继续讲下去。讲话的人是一个上了岁数的男人，从外表看，他无疑是一个斯拉夫人，他用吃力的波兰语讲着话。他的名字叫朱力·塞班斯基。他的脸上满是皱纹，而他的眼睛却闪烁着智慧的光芒。他的表情让人觉得他是一个值得信赖的人。事实上，所有囚友都觉得他可以信赖。过了一会儿，他又鼓起勇气，继续说下去。

"你们知道，我是一名高中教师。我曾在明斯克市教过很长时间的历史和地理，听我讲过课的学生数不胜数。不过，奥斯维辛不需要老师，你们当然知道这一点。我们的主人什么都知道，他们不需要上课。他们憎恨教师。至于像我们这样的囚犯……我没有能力去教会和我睡在同一个棚营里头的朋友如何生存下去。这些东西没法教，只能自己领悟，仅仅如此。我的命运就是每天在工地或者洞穴里铲沙、搬砖。对我来说，死亡或许才有意义。但是现在的我仍活着……"

他的声音变成一种喃喃细语，眼角泛起泪光。这次没有人再鼓掌，所有人都静静地等待他重新开口。塞班斯基不再抽泣，他抬起头去看鲁道夫，他向他走去。他把手放在鲁道夫的肩膀上，用力抓住他。

"如果我能活下来，那么我将亏欠于你，我亲爱的鲁道夫。是你选中我，让我变成一个工人。在我的生命里，我从来没有想象过自己会变成一个锅炉工人，但是事情就是这样。如今我的双手可以用那些材料制造出漂亮的陶瓷砖，这说明了两件事情：第一件事，人的能力是无限的，只要他想，他就可以战胜任何困难；第二件事，我想说，不是所有囚监都是恶人。你是一个好囚监。不，你是最好的囚监。因此，祝福你，鲁道夫，祝福你，玛格丽特，新人万岁！"

塞班斯基的最后几句话赢来热烈的掌声和所有人的应和。这是真的，不是所有囚监都是禽兽，囚犯的命运并没有被事先写好，在奥斯维辛之后还有其他可能性。在这种场合之中，人们或许会觉得集中营不过是漫长人生里的一对括号。有一天，或许它将成为努力要忘记的封存记忆，人们甚至不会再去问为什么会发生这样的事情。布拉塞、特拉卡和梅什科夫斯基互相看着，他们仿佛能够懂得每个人的想法，他们咯咯地笑起来，用手肘戳一戳朋友。

"能活到最后很好，不是吗？"

布拉塞摇摇头。

"如果你希望能够幸存，那么你将会获得最大的失望……"

"不，我们可以活下来的。我们一起吃、一起睡、一起工作。党卫队和囚监都没有把我们清理掉。我为什么不可以希望一下呢？"

布拉塞耸耸肩。

"这不需要我来说，特拉卡。你已经看了很多，你应该明白我们的命攥在他们手里。永远如此，不论如何。瓦尔特打一个响指，我们就灰飞烟灭了。我一天天往前走。不，我是一小时一小时地活着。现在你们都闭上嘴吧，我想听听鲁道夫要讲什么……"

鲁道夫站起身，所有人都安静下来。

那人用一个叉子敲敲玻璃杯，他想要营造一些气氛，他微笑着。

▼ 鲁道夫·福利梅尔（1907—1944），奥地利人，此人为了坚持自己的政治理想而被关押在奥斯维辛集中营，最终被枪决。这张照片是他在集中营里和妻子玛格丽特·费雷完婚时，威廉·布拉塞为他们拍摄的。（该照片来自奥斯维辛博物馆）

他穿着自己的衣服,样子很好。那是一件黑色条纹西装,里面是一件洁白的衬衫,他还打了一根红蓝相间的领带,这是他的父母从维也纳带来给他的。他的旁边坐着一位同样优雅的西班牙女孩,玛格丽特·费雷,不到一小时以前,鲁道夫在集中营的民事登记办公室和她结婚了。

布拉塞做了见证人,因此他也有资格穿自己的服装,这可是在奥斯维辛里的头一次。他没有穿什么特别的,不过是一件夹克、一条裤子、一件衬衫,戴了一顶帽子,这些东西是前一天从下火车的囚犯身上没收来放在斜坡上的。不过突然脱下条纹囚服,布拉塞感到害怕,他下意识地摸了摸胸口,摸不到那个三角形——他囚犯身份的象征。他可以穿着这些衣服逃跑,这不过是一个念头。仪式结束后,他们马上让他把衣服脱下来,重新穿上集中营的囚服。这一快速的变化让他心头一紧:他感觉自己刚刚品尝到了自由的滋味,不过那个时刻实在是太短暂了。

副指挥官卡尔·弗雷兹来主持婚礼,布拉塞注意到,他一直神态自如。之前他给人行刑的时候,表情自然,现在他穿着民事军官的衣服要批准囚犯的婚礼,依然完美无缺。政治办公室的人要布拉塞出席,持枪部队在一旁监控一切。

鲁道夫和玛格丽特交换戒指，许下彼此的爱情和忠贞宣言。

"我需要你，爱你直到永远。"他激动地说。

"我需要你，爱你直到永远。"女孩回答道，她的语气很简单。

所有人都知道，鲁道夫和玛格丽特会彼此忠诚，因为在奥斯维辛诞生的爱情是无可动摇的。鲁道夫的亲戚、囚犯和党卫队士兵都鼓着掌，怂恿新人接吻。

他们充满热情地拥吻，许久才分开。

现在他们在 26 栋，在德国军官的允许下，身份识别小组得以组织一场庆祝会。整个集中营都认可鲁道夫，因为他曾经帮助过很多囚犯渡过难关并往前走下去，凑齐一桌宴会用品很简单，没有一栋棚营说不。刺绣桌布、陶瓷盘子、玻璃杯和水晶杯、亚麻餐巾、名牌，还有奥地利原汁原味的美食，这是为了呼应鲁道夫的出身：在奥斯维辛，一切都奇迹般地发生了。他们都玩得很高兴。新郎的讲话被笑声打断了好几次，他可以相对自由地说一些话。党卫队士兵显得如此友好，他们都放松了下来，他因此把握机会开了几个玩笑。

"感谢各位，我告诉你们让玛格丽特讲话是不可能的：她虽然是一个坚强的女性，但她很害羞，她不习惯面对这么多人。事实上，也没什么好说的。今天我们结婚了，我们已经相识相爱了六年，从西班牙战争那时候开始。别害怕，我才是那个坏家伙。我是共产党，我是一名红色的雅利安人，我有罪，我将自己出卖，就像我们亲爱的福赫呵斥的那样，我投身于清洗犹太人的国际事业中。她不管政治，她这样很好。她是自由的，而我却是奥斯维辛的囚犯……但现在我不想谈论这些事情。我想讲一件更加重要的事情。我和玛格丽特，我们相爱，永远如此。不过如果我遇到了什么事情，"鲁道夫的语气突然变得严肃起来，"我把她和我们的孩子交付给你们当中的每一个，请你们照顾好他们。小艾迪是我们最珍贵的宝贝，当我们不复存在的时候，他是我们留给这个世界的。他一定要活着。我想，至少他可以活在一个和平自由的世界中，如果我没办法，那么请你们替我想想办法。请你们向我发誓！用你们的良心向我发誓……"

鲁道夫坐在那里，激动地握着妻子的手，而那孩子，那长了一头和父亲一模一样的黑色卷发的一岁半的小肉团，正在宾客中间爬来爬去。所有人举起杯，布拉塞向鲁道夫的父母微笑着，他趁机观察着他们：那是一对年迈的夫妻，他们来自资产阶级，他们亲自请求西姆勒，能让他们的儿子在监狱里举办婚礼，他毕竟是德国公民。他们耐心地等了好几个月，一直没放弃。最后，他们亲自来到奥斯维辛参加婚礼，他们却发现自己来到了一个常人无法想象的世界。

他们看到了棚营、囚监、囚犯、党卫队。他们听见了叫喊声，他们因此懂得那里有人正在经历着无法形容的痛苦。他们的脸上写满了惊慌失措。他们当然为儿子的婚礼而高兴，但是他们更为他担心。

这赤裸、残酷的事实对于他们而言实在难以接受。

一分钟以前，布拉塞感到幸福，现在他又坠入悲伤的深渊。在小艾迪和充满自由和平的未来之间有一座不可翻越的大山，那是把鲁道夫和其他奥斯维辛的囚犯与外界隔开的带刺的铁丝网。

所有人都知道鲁道夫的故事。他是维也纳的一名共产党人，自愿参加西班牙战争，弗朗西斯科·佛朗哥攻下马德里以后，他就无处可去了，因为与此同时，阿道夫·希特勒攻下了奥地利。他和深爱的西班牙姑娘玛格丽特一起逃到了法国，也带着他们的新生儿小艾迪。但是命运没有停止折磨鲁道夫。德国人占领巴黎以后，他们把他关押到维也纳，后来把他发配到奥斯维辛，他们要他为自己的政治过失买单。但是鲁道夫太能干了，纳粹也需要他：他是研究柴油发动机的专家。正是凭借他的才能，他才得以一路攀升，成为一名集中营的囚监长和奥斯维辛最重要的公务员之一，这让他获得了不少自由：他可以留些头发、吃党卫队的餐，每月一次在一名士兵的护送下，去奥斯维辛城里的电影院看电影。

很快,鲁道夫就利用自己享有的特权想办法给囚犯们谋好处,这让他在囚犯之间成了一个传奇。他总是知道他应该怎样去做:只要向他开口,他总能找到合适的工作小队来收容老弱病人,这使得他们能够生存下来。布拉塞认识他,他们曾经睡在同一个棚营里,不过时间不长,他对他有一种自然而然的仰慕与嫉妒。而这种仰慕与嫉妒都出于相同的原因:他看似不可战胜的勇气。

如今,布拉塞也成了党卫队的朋友,他也应该最大限度地利用职位之便,好让囚犯同伴们过得更好一些,但是他宁愿安全地待在26栋里面,不往别处看。他不拒绝任何人的请求,总是和身边的人分享所有上帝恩赐他的东西——主要是食物,这都是他在人物摄影方面的能力带给他的。他可以交易物品,或者给他的上级或下级办事,来交换一些方便。尽管如此,他仍旧没什么行动。那天晚上,他看着鲁道夫,他想象自己也变成他那样,但是他摇摇头,嘲笑自己和自己的那些幻想。他站起来,来到新人身边,把手臂放在他们的肩膀上。

"是时候拍结婚照了。你们说呢?"

新郎鲁道夫和新娘玛格丽特站起来,和别的宾客致歉,他们抓着小艾迪的手,离开布置着饭桌的走廊。平日里,那条走廊站满了等待拍照、登记的刚到集中营的囚犯。

布拉塞让他们走到工作室里,关上了门。

在这里,布拉塞觉得平静下来了。他是这里的主人。

"现在我说,你们做。我们只需要一分钟的时间。"

他已经思考过该如何解决最大的问题:他要同时拍摄三个人物,而不像平常那样一次只拍一个人,他的摄影台是固定的,这将是一个问题。现在他抱起小艾迪,把他放到转椅上。他让鲁道夫站在孩子的左边,妈妈站在孩子的右边。布拉塞示意镜头前的鲁道夫微笑,而让玛格丽特看向儿子。两位新人都顺从地按照摄影师的指挥来做,最棒的是那个孩子,他并不羞怯,一直看着蔡司镜头,一点儿也不顽皮,他只是眨眨眼睛,乖乖地坐在那里。

"准备好了吗?"

"我们好了。"

布拉塞按下快门。

"好了!明天我将亲自把它冲洗出来……"

又过了一会儿,庆祝活动结束了,新人和宾客告别,宴席就散了。党卫队允许玛格丽特和鲁道夫在24栋度过新婚之夜,那是集中营的妓院,他们提前为这对新人把里面的姑娘安排到别处。他们就在那里度过了婚礼之后最初的几个小时。第二天早上,在那个11月初冰冷灰暗的黎明,鲁道夫的父母、玛格丽特和孩子出发去了维也纳。鲁道夫和他们告别,他没有落泪,他表现得非常勇敢,但是和他在一块儿的布拉塞知道他的内心有多大的波澜。

鲁道夫怅惘地看着亲人走出集中营的大门。布拉塞无力地伸伸手臂,他也哽咽了。他根本不知道,他的朋友到底还有没有机会再次见到妻儿。

那天下午,布拉塞着手冲洗新人的照片,尽管他知道那时候的灯光并非绝佳。他在取景框里看见鲁道夫的脸上有一些阴影。但是他只有那些台灯,他已经尽力了。即使有这个瑕疵,不管怎样,这会是一张很棒的照片。不,不仅是一张照片,这张照片是奥斯维辛新人鲁道夫·福利梅尔和玛格丽特·费雷的整部婚礼相册。任何技术上的不足都无法抹去它的价值。这将是一个珍贵的见证,有一天,当小艾迪长大成为少年、男人的时候,他就可以从中找到一个传奇故事的蛛丝马迹:他父母的历史。

8

他没有说自己的名字,他是唯一一个没有穿制服就出现在布拉塞镜头前面的党卫队士兵，他要拍一张明信片大小的照片。他穿着白衬衫，打着领带，披了一件运动夹克衫。他那年轻的面容上挂着微笑，黑色的长发很难打理，这令他显得有些学生气。他的年纪不会超过三十岁。布拉塞从取景框中看他，他觉得这个人应该是一个幸运的人：他的两颗门牙之间缝隙很大，他的爷爷奶奶总是说，这样的人的命一定很好。拍完照，他非常礼貌地向布拉塞表示感谢，然后就走了，他的脸上一直挂着笑容。

这会儿，布拉塞在政治办公室门口又遇到了他。

几分钟前，布拉塞突然被叫过来，他心里很焦虑，放下手头的事情，来到瓦尔特那里。他的不安随后就消失了，这种不安真是来得快，去得也快。他没看见什么危险，瓦尔特只是想给他介绍一个人：一个有着学生气的德国人，现在他穿上了党卫队上尉的制服。

"布拉塞，这是蒙格利上尉。如果我没弄错的话，你们应该已经见过面了。"

"是的，先生。几天前，我有幸给上尉拍了一张照片。"

蒙格利上尉坐在瓦尔特书桌旁边的一个扶手沙发里，他站起身走到布拉塞旁边，向他伸手。布拉塞战胜了心头的忧郁，伸出手，

▲
约瑟夫·蒙格利（1911—1979），奥斯维辛集中营的医生。他要求布拉塞为他拍摄、记录一部分他的"实验对象"。（该照片来自奥斯维辛博物馆）

握住了蒙格利上尉的右手。那人动作坚定，几秒钟后才松开手。

"布拉塞先生，我尊重那些工作的人，特别是那些讲究艺术规矩的人。我对您拍的照片非常满意。我可以向您保证，您根本不需要嫉妒那些柏林的同行。哟，请坐，请坐……"

"谢谢，先生。"

布拉塞坐下来，有些尴尬，不过瓦尔特向他解释了上尉想要什么。

"蒙格利上尉是集中营最优秀的医生之一。不，应该说他是德意志最有前途的科学家之一，他能来奥斯维辛工作，绝对是我们的荣幸。他问起您，布拉塞，是因为他需要您的帮助。现在，医生会亲自告诉您是什么事情……"

布拉塞转向蒙格利上尉，对方认真地说道："很简单。我需要精准地记录我的工作，但是我不懂摄影。因此我想向您送去几个我的研究对象，请您给他们拍照。我需要那种特别的照片。您觉得这可行吗？"

布拉塞咽了咽口水。他不知道蒙格利上尉具体是做什么的，他也不知道他的"研究对象"或是"那种特别的照片"到底是什么，但是他没有资格和党卫队军官讨论事情。他只能确信地点头。

"我会尽我所能来满足您。"

蒙格利上尉微笑了,他起身再次去握布拉塞的手。

"我就知道我可以信任您。您很快会收到我的消息。"

瓦尔特拍起手来,他容光焕发。

"上尉先生,每当我们党卫队能帮上忙的时候,我总是感觉特别高兴。今天身份识别小组为奥斯维辛、为所有同志服务,而这次的见面又是另一个有力的证明。而您,布拉塞,请记住我曾经对您说的:我对您的工作室设有'伟大计划'。蒙格利医生会让您开始明白我说的话。现在您走吧,让我们单独谈谈……"

布拉塞微微鞠躬,他的手抓紧帽子,背对着门口向后退。随后,他到外面呼吸起晚秋清冷的空气。他朝 26 栋走去,路上碰到了一群囚犯。他们肩上扛着锄头,刚刚从某条沟渠挖掘工地回来。他们累得筋疲力尽。只要看到这一场景,布拉塞的心就不再沉重。不管蒙格利上尉将给他带来什么,甚至是某些可怕的事,和囚犯们所承受的折磨都无法相提并论。至于瓦尔特咄咄逼人的"伟大计划"……想到这个,布拉塞咬紧了嘴唇:他已经在奥斯维辛幸存了很多年,现在不是放弃的时候。他甚至愿意委身于瓦尔特的"伟大计划",只要能够让他生存下来。但是现在,他不想考虑太多。

他回到身份识别小组,投入到工作中去,很快就把两个党卫队上级的事情抛到脑后。

几天以后的一个晚上,他在放大器上工作,印放着那些幸存的、新来的吉卜赛人的档案照片,他听见有人敲门。他知道没有人会无事来骚扰,因此他喊了句"请进"。是特拉卡,他脸色苍白,即使是暗室的红光也不能掩盖这一点。年轻人清了清嗓子。

"囚监带着一群姑娘过来了……"

布拉塞等他把话说完,但他却不说话了。

"然后呢?"

特拉卡表情很慌张,他挥着手臂指向工作室。

"她们说是什么蒙格利医生派她们来的。她们要你过去。"

布拉塞放下放大器的工作,手在囚服裤子上蹭了蹭,好擦掉手心冒出的汗。

"好。你继续这里的工作吧……"

他从暗室走进工作室之前,告诫自己,不管看到什么,都不要流露出任何表情。

他面前是一个五大三粗的德国女囚监,她的头发是稻草般的黄色，胸前象征反社会分子的黑色三角赫然可见。她旁边站着一个波兰政治犯，那是她的助手。这两个女人旁边站了四个有着腿部畸形的犹太姑娘，她们焦虑不安。最大的那个不超过十五岁，最小的也就十二岁。她们骨瘦嶙峋，肥大的制服就这样挂在她们身上。她们就像一群麻雀，眼神中乞求着怜悯。布拉塞看看她们，又看看囚监，这样来回几次。他不知道该说什么、该做什么。

"你是摄影师？"

"是的。"

德国女囚监指了指姑娘们。

"蒙格利医生要你给她们拍照。"

布拉塞深吸了一口气，想要克服心头的痛苦。

"他给了你什么特别的指令吗？"

德国女囚监点点头。

"他要三张全身像。他就是这么说的，他跟我重复'全身'，而且他要正面照、背面照和侧面照。她们一定要全裸。清楚了吗？"

"全裸？为什么？"

那女人粗俗地一笑。

"我不是医生。你遵从命令就够了。"

布拉塞观察着这些姑娘，感到有些尴尬。在他的注视下，姑娘们一个个紧挨在一起，就像是一窝雏鸟呼唤着妈妈。他张口想要安慰她们，但是他什么也说不出口。

他转向波兰女政治犯。

"请你帮她们脱衣服。"

姑娘们听懂了布拉塞的话——她们也是波兰人。她们开始颤抖着哭泣，却不敢用力，只是静静地哭着，好像她们没有多少泪水可以浪费。

"怎么了？"

"她们在一个男人面前脱衣服感到难为情。"

布拉塞考虑了一会儿，说："等一下，我想到一个主意。"

他把瓦尔特弄来的一块布景板搬到她们前面，这是布拉塞让他从华沙带来的，拍摄党卫队军官的时候用的。

"你们在这后面脱，没人会看你们。"

然后他迅速思考着接下来要做什么，他不断在心里咒骂瓦尔特。工作室是用来拍单独人像的，不是拍群像的，现在蒙格利把这些"实验对象"送来拍全身像，瓦尔特真是愚蠢。但现在只有一种可能性。

"布罗德卡！"

布罗德卡正在整理底片,他走过来。

"你把便携相机拿来,我们用那个。这次我们不用蔡司相机了。"

布拉塞拿着用来拍摄外景的康泰时小相机,准备去拍蒙格利的"实验对象"。他等待着她们的出现,并感到越来越焦虑。他听见姑娘们在布景板后面的呜咽,波兰女政治犯帮她们脱衣服,她用一种母亲的语气催促着她们。布拉塞不想看见她们,看着她们穿着囚服的样子已经够让他心碎的了,他不想再看见她们赤裸的样子。他想把这个差事交给布罗德卡或特拉卡,但他不可以这样做。他不为自己担心:没有人会知道,连瓦尔特也不会。但是他不能把这么糟糕的工作扔给小组里的其他"同事"。他是小组这些囚犯里的头儿,他有义务完成这项任务。布拉塞握住照相机,待在自己的位置上。

终于,姑娘们出来了,她们手牵手,一小步一小步地往布景板外面走,一个挨着一个。她们的眼神流露出无限羞赧,但是她们却没有伸手去遮自己的隐私部位。他知道她们已经习惯了。波兰女政治犯看见囚监溜出去了,很可能是出去抽烟了,便平和地对姑娘们说:"现在你们按照布拉塞先生所说的去做。别担心,一切都会好的……"

布拉塞举起照相机往取景框里看,他一个个地观察她们。

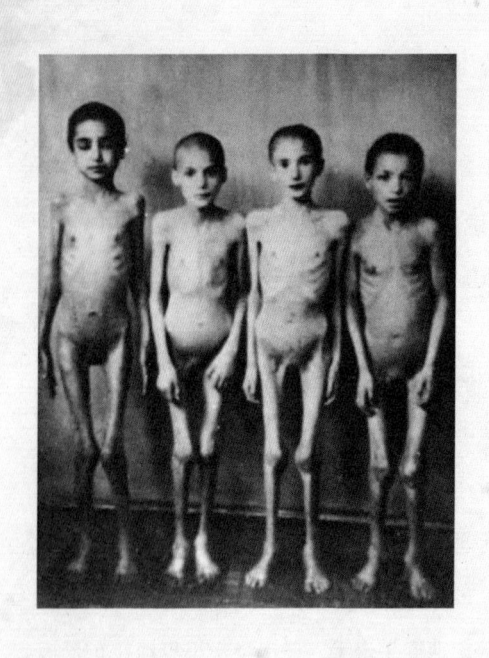

▲
布拉塞为蒙格利医生拍摄的四个犹太女孩。布拉塞详细讲述了拍摄该照片时的情况,这张照片也标志着纳粹剥削他专业能力的可怕开始。(该照片来自奥斯维辛博物馆)

姑娘们都饿着肚子，而且已经饿了很长时间。她们的肋骨根根可见，肚子和腰都塌进去了，他用两个手掌就可以围住那细细的腰。她们的腿弯曲着，膝盖往里相对着。他需要一只手来帮他拭去泪水。她们全身的毛发都被剃干净了，但却是用一种粗糙的方式——看得出来，她们的头发和其他部位的毛发都是用暴力撕扯下来的。

然后他发现了一件事，他之前一直没有注意到：他面前是两对双胞胎。第一个和第四个个子更高，皮肤颜色深；第二个和第三个个子更矮小，皮肤更白。他很快问自己，蒙格利对双胞胎到底打着什么主意，但是他很快放弃寻找答案。他也不想去触碰她们，就像平时他带着专业的姿态摆弄"客户"，让他们摆出自己满意的姿势一样。他只是把命令下达给那位波兰女政治犯，让她来调整姑娘们的肩膀、抬起下巴、伸直腰旁的手臂。一切就绪后，他按下快门。

三次。

一张正面像，一张背面像，一张侧面像。

"好了。你们可以穿上衣服了……"

她们眼睛里流露出喜悦，因为她们听从摄影师布拉塞的指示，没有犯错。她们回到布景板后面重新穿上衣服。布拉塞趁这个时机问波兰女政治犯。

"他对她们做了什么?"

那女人没有回答,装作没听见,布拉塞抓住她的手臂。

"你叫什么名字?"

波兰女政治犯用力甩开他。

"放过我吧……斯坦芬斯卡,但是她们所有人都叫我芭士卡。"

"你从哪里来?"

"克拉科夫。"

"我从日维兹来,离那儿不远。"

那女人观察着他,充满疑窦。他突然感到满腔愤怒,再次抓住她,摇动她。

"你看,我和你一样也是一个囚犯。你为什么要害怕?告诉我,他对姑娘们做了什么?"

波兰女政治犯低下头,当她再次抬起头来的时候,她眼神中的怀疑不见了,取而代之的是和犹太姑娘们无异的绝望神情。她伸伸手臂。

"我不知道。"

"我不相信。这是一个秘密?"

"这是一个秘密。但是我真的什么也不知道……"

"你什么也没看见?"

"我看见他给她们量身高、体重,用铅笔记录下关于她们身体情况的一切。我没看见或听见其他别的东西。囚监知道的更多……"

但是布拉塞不想和那个德国反社会分子讲话。

他筋疲力尽地坐下来,然后又突然站了起来,疯狂地走进暗室寻找面包。他回来时,把面包交给波兰女政治犯。

"把这藏好。给她们吃。你懂了吗?"

女人安静地点头,把面包放在制服夹克下面。

姑娘们重新出现在他的面前,就像她们来的时候那样,她们手牵手,制服在她们身上晃前晃后。芭士卡抚摸了她们一下,命令她们跟着她。她们走出工作室,再没有转过头,也没有看布拉塞一眼。她们就像是没有灵魂的木偶,布拉塞这样想,就像是他小时候在日维兹玩具商店里看到的那些机械娃娃。这些娃娃将属于富有的小女孩,随后被忘记在阁楼的某个箱子里。她们可以肆意对待自己的玩具,而玩具娃娃不会抱怨什么。

布拉塞再一次把手蹭到裤子上擦汗,他仍旧满手是汗。

他坐立不安,感到自己的双手很脏。

蒙格利让他碰这些犹太姑娘,他没有碰她们,但是蒙格利身上的某些东西通过她们传递过来，让他无法呼吸。

他决定不去亲自冲洗姑娘们的照片，他将这项工作交给特拉卡。他确信蒙格利会非常满意他们的工作。

9

忘记一切，他从未停止去忘记，每一天他都试图消除前一天的记忆。把每一个时辰抛到脑后，将其埋葬，抛入黑暗的深渊之中——这是往前走的秘诀。面对未来，布拉塞同样要紧闭双眼：不许有梦，不要幻想。活在当下，就这样活下去。

接下来的几天里，他开始忘记，就像他通常所做的那样。四个犹太姑娘的照片被交到委托人手中，他没有忘记把照片送过去，并对特拉卡出色的工作赞美。瓦尔特对此兴奋异常，26栋的所有人都明白，他们的上级出于某种原因，认为身份识别小组和蒙格利医生之间的合作具有战略意义。

一天早晨，小组的几名囚友之间对此展开讨论。

"对我们来说，最好一直有新的活去做，"华利兹尼亚克说，"总有一天，党卫队的拍照任务或者放大、复印照片的差事是会结束的。"

刚说到这，他们就停止了讨论。说什么别的都没用，所有人都明白，如果工作任务减少，那么他们很快就会被消灭。

布拉塞仔细观察着他的助手。他说得有道理，这是毫无疑问的。但在这一刻，他没办法不去想，之前，特拉卡冲洗了那些犹太双胞胎姑娘的照片，而他现在却用这种语气说话。总之他是看见了她们的，是他把那些姑娘惊恐的神情固定在纸上，她们希望能有一只仁慈的大手盖在头顶，她们心中夹杂着恐惧和有人帮助的希望。而现在他评价"这是一个美差"。他当然是没有错的。

他努力不让自己被这些念头占据。他看看四周，布罗德卡低着头，听见华利兹尼亚克的智慧言辞他只是点头。或许他也在回想那些脸上写满绝望的姑娘。

"好了，开始干活了！"

布拉塞从来不需要去催促"同事"工作。这次他只是出于本能这样做，他不允许自己继续做这些恼人的思考。

大伙马上就散了，每个人都去忙活自己的事情。布拉塞回去润色一名德国士兵的肖像。士兵穿着自己的衣服，而他的女朋友穿着传统的巴伐利亚服装，一头金发，笑脸盈盈。布拉塞集中精神，开始用细微的笔触来完善她椭圆形的脸部轮廓。

这时，他突然重新看见了芭士卡，那个曾经帮助他安慰四个姑娘的年轻波兰政治犯。她从一个心头隐蔽的角落闪现在他面前，他多么希望她在那里，这样他们就可以一起讲讲到底发生了什么。她看起来心肠如此柔软，她在布拉塞的咄咄逼人下，摆出了囚犯的自我防卫姿态，但只坚持了一小会儿，布拉塞想要知道蒙格利对那些小家伙做了什么。随后她摸摸那些姑娘。

他闭上眼睛。那是怎样的爱抚！

"威廉……"他努力试图重新听见她喊他名字的声音。他想象她对自己微笑，充满爱意地看着自己，抚摸他。他记得她很美，他意识到，哪怕在这样悲伤的时刻，他看着她，就像一个男人渴望解读一个女人那样。但是那个时候，他没有停留在这种情绪上。只有现在，他可以好好品味。也许只是为了忘记那四个骨瘦如柴的姑娘，走出那悲天悯人的心情。

他的手失去了力量。他咒骂自己画错了，那如阳光般灿烂的德国姑娘身上现在怀有他粗心的证据。如果德国人看到这个瑕疵就糟糕了。他静下心，必须专注地马上进行补救，但这并不简单。他自动将芭士卡的美貌和仁慈画上等号，那时候他绝望地将姑娘们托付给她照顾，他只求心安，这一切动摇着他。这些是危险的思绪，他很久没有面对这些了，他必须立马驱逐它们……

梅什科夫斯基完成20栋的任务回来了，他可以带布拉塞脱离苦海。

"该死！"梅什科夫斯基对小组的人说。

所有人都忧心忡忡地看着他。

"又爆发了一场瘟疫。一场新的。"

他把康泰时小相机放在工作台上，坐下来，手捂在脸上。他一脸疲惫，带回了那些等待冲洗的恐怖照片。

"我给医生拍了一系列病人的照片。"

布拉塞拿起小相机掂了掂。

"什么病？"

"发热疹，他们是这样说的。也就是说，得了这个病的人会发高烧，同时皮肤上出现小红点。我拍的照片里看得很清楚。"

华利兹尼亚克大声说出了所有人的疑窦。

"严重吗？会传染吗？"

"对身体不好的人来说是致命的。我当然也打听了传染的事情，医生说是虱子传染的病……"

令人沮丧的两条消息。每个人的心里都分析着这个消息，竟感到一丝安慰:他们有足够的食物,睡眠和工作环境相对而言是打扫干净、通风良好的。

布拉塞想,自从他们不再每天拍摄上百名排着队的囚犯,虱子叮咬他们的风险就大大降低了。但是他没说什么,其他人都在自我安慰。

"这些照片他们马上就要吗?"

他早就知道了,回答:"20栋的医生接到命令,要赶紧把这一突发病情记录下来。今晚必须完成一个报告,要交给柏林上级,越快越好。"布拉塞听着梅什科夫斯基谈论给他下令的那些医生,他很难控制自己不去问他是否看见了蒙格利。他想要忘掉他,但是他希望这紧急卫生事件能把他牵涉其中,这样他就会放一放自己的研究。

"好,"他一本正经地说,"布罗德卡,放下你手头的那些照片,赶紧去冲洗这些。"

下午,瓦尔特来了。他显得有点儿紧张,打听病人照片的事情。

"五点前都能好。"布拉塞保证道。

照片被摊开风干。那些赤裸的身体,在10月底的天气下瑟瑟发抖,消瘦让人更加难以抵御疾病。还有那些皮肤上的斑块,有的是近处特写,它们看起来都化脓了。

"太恶心了!"

瓦尔特对此感到反胃,同时他也很生气。他的恐惧是显而易见的。

布拉塞没有评论,队长说出了他的心声。

"我们不可能照顾很多人,但这不是重点,这种病,只要靠近生病的囚犯,就会被传染。我的同事都离他们远远的,但是光有谨慎是不够的。"

布拉塞没有流露出任何情绪,他暗自考虑着这古怪的局面,囚犯并不处心积虑,也不动一根手指,突然间囚犯就变成了这些关押他们的德国人的致命威胁。

然后他想到了芭士卡。他再次看见她去抚摸那些骨瘦嶙峋的姑娘,他再次看见她那充满同样绝望的眼睛。他意识到她处在危险之中。

"怎么了?"

瓦尔特盯着他,他发现布拉塞没有在听,感到有些恼火。

布拉塞僵硬了起来。"没什么,上士先生。"

"你对这些人感到可怜,还是在为我们的同事担心?"

他可以撒谎,但是会被发现的。他就在那里,近在咫尺,他厌恶地盯着瓦尔特,感到不耐烦。

"我为自己感到害怕,就像所有人那样。"他低下头回答道,好像在忏悔。

德国人对这一回答感到满意。

"是啊,就是这样。对于这些囚犯来讲,死亡是一种解脱。但是我们,亲爱的布拉塞,我们,"他强调说,眼睛发光,"我们不能像他们那样死去。我们的命运完全不同,您也应该这样想。因此,我们有必要限制那些卫生状况糟糕的囚犯的来访……"

布拉塞立马想到女人,那些在比克瑙无法洗澡的女人,所有的女人。

"还有……我们也要信任我们出色的医生。继续您的工作吧,布拉塞先生,别害怕。就算您生病了,您也会得到最好的治疗!"

说完这个,瓦尔特友好地把一只手搭在摄影师布拉塞的肩膀上。他没有回避,只是再一次低下头。

下午五点钟,囚监马尔兹来了,一整天都没见他的踪影。他拿好照片,放到写着疾病名称的文件夹中。他小心翼翼地拿着,好像病毒会从照片里传染给他似的。布拉塞和梅什科夫斯基恭敬地看着他，面无表情。他看着他们，突然脸上大大地绽放出一个不怀好意又心满意足的笑容。

"你们要不要听一个好消息？"

两个人惊讶得说不出话。囚监已经在提前品味他们的惊讶了。

"你们知道谁发烧了吗？"

他们竖起耳朵等待着。他们无法想象那个被憎恶的人会是谁，让囚监如此幸灾乐祸。

"但是如果我告诉你们，等我出门以后，你们别过分庆祝。这个时候，囚监是最危险的，因此我也要小心，哪怕是在你们面前，你们这群该死的得宠的！"

突然他发起火来。布拉塞和梅什科夫斯基仍旧表情麻木，但是他们开始害怕这骤变将带来的后果。

"哎，总之情况最糟糕的就是瓦塞克·鲁斯基，纪律司的囚监。这魔鬼在20栋躺着，浑身是痂。这就是他和犹太女人乱搞的奖赏！"

说完这个他笑了。那是一个充满妒意的邪恶笑容。

一直传说那粗暴的杀手鲁斯基会强奸那些关进11栋惩罚营的姑娘和女人。梅什科夫斯基想到这个也笑了，他甚至好像成了令他深恶痛绝的囚监的同谋，因为他总是毫无保留地表达自己本能的反应。

布拉塞没有。他想到的是那些犹太姑娘，然后是芭士卡。

"怎么了？你为这魔鬼感到心痛吗？"

马尔兹充满憎恨和怀疑地看着他。布拉塞猜到了他的想法：囚监害怕有一天当鲁斯基痊愈的时候，他会知道他曾对他的疾病感到幸灾乐祸。

"那么，布拉塞，你不希望你亲爱的鲁斯基死去？说吧，来吧，我允许你这样做。"

好一会儿，气氛都很紧张。布拉塞在盘算自己的回答将带来的后果。这一次，他不可避免地选择诚实。

"是的，我想他死。但是他们会好好照顾他的。那个病可以治好的，只要身体不是太弱。而鲁斯基是我们这里身体最强的人之一。"

马尔兹闭紧双眼，他在努力地思考些什么。然后，他又开始笑了起来，让人惊讶。

"我们走着瞧。"他平和地总结道。他走出去，没说别的。

接下来几天，集中营的各项活动如常进行，但是放慢了节奏，有些活动也停滞了：大家不再在号声中集合；工作的时候，大家都低着头。另外，所有人都比往常讲话要少，大家尽可能地和别人保持距离。囚监仍大喊大叫,但当他们挥动棍棒之后,立马就远离那些蜷在地上嗷嗷叫的囚犯,或是那些跪在地上用手捂头、用最后的气力抽泣的囚犯。

紧急情况持续了没几天,传染病不再像一开始那样传播广泛了,有人说20栋的医生训练有素:那些太弱的病人没有收容进医院,而是让他们直接死了。对于那些真的想要拯救的病人,他们采取了迅速治疗的手段。

那几天,26栋的囚犯好几次看见惩罚营的"倒霉鬼",但是鲁斯基却再没有出现。

一天早上,马尔兹凯旋带来消息,好像他要升迁了。

"走了!"他宣布道,"我知道那坨波兰屎一定是踩到某个人的脚了。"

在那些发热死去的遇难者中,就有鲁斯基,那个杀手,那个布拉塞曾经央求过不要用太过残暴的方式杀死他那些日维兹老乡的男人。

"他们让他自生自灭,"马尔兹讲述着,"你们应该看看他,他就像一块布,躺在潮湿的稻草上。他无法呼吸。他一定想到他们决定抛弃他不管,这是最美妙的地方。他瞪大眼睛,绝望地看着四周,希望有人过来管他。他以为自己无所不能,可是他们根本没有动一根手指头来救他!"

布拉塞接受了这消息,他没有什么特别的情绪。他觉得最糟糕的一名囚监的死亡并不能改善11栋的局面,那些不幸的人只是有了片刻的苦涩的安慰。显然,在鲁斯基之后,他们不可能往那里发配一个温柔的囚监。

也许马尔兹希望自己能够取代鲁斯基的位置,但结果并没有这样:26栋的囚监很快就停止庆祝,而他把怒火都发泄在布罗德卡身上,在休息的时候朝他身上踢了一脚。

10

"那个女人在干吗?"

特拉卡从工作中抬起头,往窗外看。

"谁?"布拉塞漫不经心地问。

"那个女的,我见过她,但是我不记得是什么时候。她在那里盯着我们房子看……看,她走了!"

布拉塞走到窗边,看见一个女囚犯正以飞快的脚步走开,跟上了一群女人,有十几个年轻的消瘦的姑娘,她们停在工作室十来米

▲
1944年5月，一大群刚从火车上下来、等待筛选的"囚犯"。（该照片来自耶路撒冷犹太大屠杀纪念馆）

开外的地方。谁知道她为什么一个人走上前来，随后又被囚监喊回去。她回去的时候被一顿臭骂，但是她没有反应。她违反了集体纪律，一个人跑到前头，停在那里观察工作室的窗户。

是芭士卡。

你要跑去哪里？布拉塞想。你想看见什么？

现在，又有两个女囚犯加入她们，那是一对双胞胎，她们手拉着手。这时，所有人都一齐朝 26 栋走来。

"那是又一队给蒙格利实验的姑娘。"布拉塞对其他人说。很快，其中两个跑去放置布景板，姑娘们将在其后更衣。

实验医生宣称，很快，新的实验对象将被送来，布拉塞有些害怕，他怕再次看见那些无辜幼小的少女，同时他也期待可以重新见到芭士卡。

女囚犯们走进来排好队，这次，所有人都知道要做什么：在奥斯维辛，一切都是走程序。这次来的姑娘又是双胞胎，芭士卡给她们摆好姿势，不过期间她一直低着头，布拉塞好几次都以为是他的动作招人厌恶。他到底有没有希望呢？

他继续想着自己应该如何开口才不致引起怀疑，女囚监仍旧一直待在房间里不出去，她观察着一切。

随后，在工作结束的时候，竟然是她明明白白地向他讲话。

"布拉塞先生，蒙格利先生命令我提醒您，明天他还会送来其他和她们类似的对象，仍旧是双胞胎囚犯。另外……"

她犹豫了一下。布拉塞静静地看着她，眼神里充满了敬意，就好像站在他面前的是一位正在下达指令的党卫队军官。而他盯着她的眼睛，芭士卡明白这位波兰年轻人正利用这一时机，细细观察着自己的轮廓，仿佛要把她的模样印在脑海之中。

"……随后还会有其他囚犯，都是比克瑙的，您需要给她们进行全裸拍摄，就像今天这样拍全身，要三个不同的姿势。"

"我们将全心全意为蒙格利医生服务。"他挤出一个微笑，带着一丝嘲弄。她也报以一个简单的微笑。

所有的队伍都离远了，布罗德卡回答了他囚友没有说出口的问题。

"她德语说得很好，她是蒙格利的秘书。"

布拉塞没向"同事"打听她，他却说起她。他对她的兴趣显而易见。

"她……真美。"他对此确信无疑。

布拉塞说完耸耸肩，又投入到工作之中。

两天后的一个早晨，蒙格利送来了完全不同的囚犯：整个摄影队伍都好奇地打量着他们，走廊里十个"小矮人"排着队，有男有女。布拉塞也饶有兴致地看着这个队伍。他们绝对不是人们通常设想的矮人：德国医生挑选的矮人拥有正常人的身体，但他们的手臂和腿都特别短。

面对这种情况，没有人发表任何评论。

矮人们在彩色布景板后面脱下衣服，随后他们所有人就一个接着一个地拍照。他们的身体在移动时有些吃力，但是他们仍旧保持着高贵的表情。布拉塞竭尽所能去拍摄他们，仿佛正在接待一群贵宾。

在这些被拍照者中，有两个姐妹和一个兄弟。医生命令让他们一起拍照，布拉塞发现他们面容相似。

囚监和其他人在外面。布拉塞和其他工作人员都和蔼可亲，他们三个微笑着，也愿意和这些矮人交谈。其中那个兄弟接受了递来的香烟。

"我们是犹太人，来自布达佩斯。我们被抓起来后一直待在一起。我们希望可以活下来。"

"你们生活在一起吗？"

"我们一起生活、一起工作。战争爆发之前,我们的日子过得并不赖。她拉小提琴,她弹吉他,"他指着自己的姐妹说,"而我唱歌。晚上我们在夜总会演出,就这样谋生。人们看见我们走上台会笑,还总要讲一些关于矮人的笑话。我们用音乐让他们闭嘴。他们从不爱我们,对我们也没有尊重,但是没人会想到把我们揪出来,关到监狱里去。而纳粹党人却一点儿也不幽默,这个大家都知道……"

"闭嘴!"

其中一个姐妹害怕隔墙有耳。

他的烟抽完了。

"再来一根。"布拉塞说。

"谢谢,你们很客气。医生也很客气,但他只是想研究我们。他给我们测量体重、身高,问一些关于童年时期的事情和关于父母的问题。也许德国人害怕我们这个毛病会传染。这是唯一的解释。但是我就是不明白。他们是世界的主宰,我们到底能对他们做些什么呢?"

囚监开始叫他们,交谈被打断了。

其中一个姐妹本能地抖擞起精神,而那男人只是忧伤地看着她,他嘲讽道:

"你没必要显得这样顺从,我们是没有希望的。"

他平静地说着,表情却令人尊敬,随后他深深地吸了一口烟。布拉塞突然想到,这个男人看起来就像是一名抽着最后一口烟的死刑犯,他感到一阵绝望。

"再见。"最小的姑娘说。

晚上,布拉塞观察着这三个人的照片,他在想象他们演奏和歌唱时的样子。他想象着一个乌烟瘴气的夜总会,烟雾让人模糊双眼,所有人都可在其中随心所欲,不必担心自己被认出来。这三个不幸的家伙就这样出现在舞台中央,而观众清楚地知道他们和自己是如此的不同,他们因而放肆大笑,看着这三个人费劲地迈着步子,朝黑暗的观众席笨拙地鞠上一躬。

战争之前,布拉塞曾看过几场演出。但是他从没见过矮人表演。他问自己:如果在那种情况下,他是不是也会笑着用手戳戳旁边醉酒的同伴,显然,他现在无法思考这一切。

召集令的号子响了。他走出去,排到队伍里去,他是一个听从命令的囚犯。空气是冰冷的,冬天无情地显露出本色。最虚弱的囚犯显得僵硬而充满畏惧,他们的脚在破鞋里动来动去,好像这样能暖和一些。他想,他们这么早就需要取暖,这些人中没有人能挨到最寒冷的日子。他顿时发现自己俨然成了一名专家，连囚犯最细微的动作他都能察觉。他也能轻松洞穿囚犯的命运。

他应和着点名，然后等待队伍散去的命令，随后他转身，朝26栋走去，他还有工作要完成。

"威廉·布拉塞！"

布罗德卡抓起他的手臂，把他推到一边。他神情紧张，眼神透露出一种危急。一定有什么问题有待解决。

"怎么了？"布拉塞问。

"你看到那个囚犯了吗？"朋友回答道，用下巴点了点那个正在观察他们的一个年轻人，他犹豫着，而其他囚犯朝着各自的棚营走去。

布拉塞回答"是"。

"那是我的一个利沃夫市的朋友。他刚来。他的父亲有一个摄影工作室。我们可以做点什么好让他加入我们吗？"

布拉塞仔细观察着那个年轻人，而年轻人也正充满希望地盯着他们。布拉塞试图思考，但布罗德卡早已想好了一切。

"你可以对瓦尔特讲，要做的润色工作实在是太多了。他虽然是个年轻的摄影师，但已经熟练掌握润色所需的技巧……"

他们四目相对,缄口不提那没有说出口的话。一位如此年轻的摄影师怎么可能已经精通润色技巧了呢?

"好,"布拉塞说,"明天我会和瓦尔特说。"

一天后,两名党卫队士兵在得到上级的许可后,来到身份识别小组拍一张照片,但是他们却不得不等布拉塞完成新一组矮人的拍摄之后才能给他俩拍,他们对此感到难以置信。当矮人们离开时,他们个个低着脑袋从两个党卫队士兵面前走过,大气都不敢出。两个士兵坐下来之前,假装仔细地把转椅擦擦干净。

布拉塞充满敬意地为他们服务。他心里始终想着等会儿该如何和瓦尔特开口。

队长好像收到了他的召唤,走进来,两个下级给自己恭敬地行礼,瓦尔特美滋滋地回应着。他留下来观察他们的工作,随后感到心满意足,他向他们打招呼,准备离开。

"上士先生。"

"嗯?"

瓦尔特透露出一丝不耐烦,但是布拉塞没有放弃。

"我想向您提出一个请求,这是出于对工作室的考虑。"

队长飞快地瞥了一眼旁边的两个党卫队士兵。他不想在他们面前显得太好说话。

"很急吗?"

"是的,不然我是不会冒昧打扰您的。"

两个士兵拍完了。他们行了个军礼,就走了。

"什么事?"

"瓦尔特先生,您知道我们的工作越来越多,特别是拍肖像的任务以及军官与士兵托付给我们的润色任务。"

"所以呢?"

瓦尔特警觉了起来。他的好心情已经无影无踪了。

"我听说,集中营里刚刚来了一个囚犯,一个波兰人……"布拉塞在这里几乎难以察觉地停顿了一下,仿佛表明他正在谈论的人不过是一个波兰人"而已"。"他的父亲在利沃夫市有一个摄影工作室,他学得很好,特别擅长润色所需要的技巧。他对我们来说是有用的,如果您同意的话……"

瓦尔特打量着眼前的囚犯,然后盯着他。

"外面流言纷飞,我知道。连我自己都没听说过这个新来的家伙。您的这一候选人叫什么名字?"

"他叫爱德华·约瑟夫斯伯格。"

"您可以担保?"

"我担保。我们可以先试用他一段时期,我将考察他的能力。我会试着去纠正他,如果有必要,我会教他一些东西……"

瓦尔特感到厌恶,他打断了他。

"行,可以的,布拉塞先生。我相信您。我也明白您的急迫。我们知道,您的这一候选人很可能已经出现在"待消灭者"的名单之中。您尽快把他带到我面前介绍给我,如果一切都合适的话,我们就把他召进小组。"

"非常感谢您,瓦尔特先生。在您的批准下,今天下午我就让他过来。"

瓦尔特走了,布罗德卡立马赶去通知他的朋友。半小时后,他就出现在他们中间。

"所有人都叫我爱德克。"他解释道。

"爱德克,我们没有问题。"布拉塞说,并和他握手。年轻人在他面前显得举止僵硬、非常紧张。布罗德卡一定夸大其词,说他的命就掌握在布拉塞的手中。

"你真的擅长润色吗?"

"是的……"爱德克斜眼瞧他朋友。布罗德卡微笑着鼓励他。

"好的。"布拉塞简短地回答,"带着一点点耐心,你就可以学会。"

一小时后,瓦尔特来了,他神色凝重地上下打量着这个新来的家伙。

"您真是太马虎了……"

爱德克的制服令人捏把汗。衣服破了,还有好几处污渍。

"另外,您还很臭。您多长时间没有洗澡了?"

"那个,我……我们……"

"您身上没有虱子吧,对吗?"

年轻人感到疑惑不解。他明白德国人还在担心之前的瘟疫。

"我……应该没有。"

"布拉塞,拿一套全新的制服给他,赶紧带他去洗个澡。"

有人焦急地跑出去找新制服,爱德克耐心地等待着,在工作室来回踱步,观察别人的工作。他和布拉塞准备好一切就一起出门,来参观整个26栋。楼后面有澡堂,布拉塞拿着新衣服,而年轻人安心地跟着他。太阳带来一丝暖意,光线也很柔和。布拉塞成了保护者,他对此感觉很好。

"把衣服脱了。"

爱德克没有犹豫,他动作迅速,赤裸裸地出现在布拉塞面前。

就在这时,他的救世主感到天崩地裂。

"我的天,爱德克!你行了割礼!"

那个人感到面红耳赤。

"布拉塞……"

"你是犹太人?他们知道吗?赶紧回答我!"

"不!我不是犹太人。我只是因为包皮过长,所以做了手术,那不是割礼!"

布拉塞观察着同伴的生殖器。瓦尔特憎恶犹太人,如果他知道布拉塞欺骗他、为了拯救一个犹太人而撒谎……

"你要相信我……求求你!"

布拉塞打开门往外看,四下无人,没有人听见他们的对话。他低下头,飞快地想了一下,又重新走进去。

"你听我说,我什么都不相信。你割了包皮,就是这样。这足以让你和我掉脑袋,在你开口讲出那包皮过长的故事之前你就已经死了。因此你听好了:我们每次过来洗澡的时候,你都要小心藏在我们后面,不要让任何人看到你的这个家伙,你明白了吗?"

"明白了。"

"所有人都会因此丧命!"

"是的,是的。"

现在,爱德克出于寒冷和恐惧而发抖。

"洗个澡,赶紧把衣服穿上。"

布拉塞在外面等待,爱德克在里面更衣。

一队党卫队士兵经过,他充满敬意地行礼。但是其中一个似乎很好奇地观察着他,他好像要开口发问。

不,那不是真的。对士兵来说,他就是空气,他不存在。

天空碧蓝如洗,前夜的阴云散尽,它就好似真理一般透明。士兵们远去,布拉塞想象自己喊叫着:"快,瞧!我这里有一个犹太人!但是我会装作他是一个像我一样的波兰人,我在耍你们玩!"

这些是危险、可怕的念头。他应该专心,特别是在当下的时刻。他之前的自豪喜悦的心情瞬间烟消云散。

该死,他想,这是我第一个为之出头的囚犯,为了救他,我不得不掩盖他拙劣的摄影技巧,而他现在看起来更可能是一个犹太人。一个没有理由值得捍卫的犹太人。

这一切到底能持续多久?

11

"布拉塞先生真是一位专家,他给我实验需要拍摄的照片张张完美。我不能没有他。"

布拉塞听着这些赞美之词,眼睛都不敢眨一下。而瓦尔特却满意地看着他,他就像是一位企业高管,听人赞赏自己所取得的成功。蒙格利是发自内心的,这看得出来。他很真诚,他也一如既往地彬彬有礼,语气中甚至流露出一丝关切。

"这不仅是我的功劳,"布拉塞插嘴道,"我需要感谢整个小组成员的辛勤劳动。"

听到这些话,蒙格利大为欣赏。

"您很谦虚。请不要这样贬低自己的功劳。在我看来,您的同事们用自己的技术和能力帮助着您,但是,真正的艺术家是您。我送来的那些囚犯的特点甚至性格都被您准确地捕捉记录下来,这需要一种卓越的感受力。"

"这个年轻人的血管里流淌着德国人的血液,他一定肩负着某种使命。他拥有纯粹的德国血统。"瓦尔特说。他想通过这些话语得到专业研究人员的肯定。布拉塞没有评论什么。蒙格利思考着,他愈发享受自己在集中营中所拥有的非比寻常的权威身份。瓦尔特的态度就是最明显的证明。

"是的,我意识到了。"蒙格利说。他开始认真地观察布拉塞,甚至朝他迈了一步。"这些按规则打开的五官线条,棱角分明的下巴、宽阔的额头、永远充满活力的表情、清澈的眼神……请您笑一笑。"

布拉塞服从命令。

"您看见他微笑时嘴角绽开的酒窝了吗?"

瓦尔特点点头,而他的同事正一本正经地进行科学讲解。他的表情也显得十分严肃。

"这意味着任何力量都难以压抑的天赐的旺盛精力。这个人的整个身体、所有特征都符合比例,浑身散发出健康的自然生机,因为他的基因是完美的。"

他再次向前一步。现在蒙格利从很近的距离来观察布拉塞。

"我可能还需要测量头骨的周长,还有牙釉质的生长情况……"

"布拉塞先生是雅利安人,这是毫无疑问的。蒙格利上尉,您只是在肯定我的一片良苦用心。"

现在,他们两个旁若无人地交谈着,就好像布拉塞不在那里。他们好像正在评估某样物件的价值。

"良苦用心?"蒙格利有些惊讶,"这是什么意思?"

"显然,他应该加入我们,和我们共同完成使命。也许您可以说服他,让他明白自己的命运早就写在他的身体上、印在眼底。这样一来,他就不会再说自己是波兰人,他总是鼓吹自己是斯拉夫人,只是因为他依恋母亲……"

"他这样说?"

蒙格利的胃口又被吊了起来,他语气里透露出想要探究的欲望。他随后转向布拉塞。

"您说您是波兰人只是因为您的母亲吗?请您和我说说。"

布拉塞感到困惑不解。有一会儿他只想保持沉默。反正一直都是他们来决定正确的回答,反正总是他们为所欲为,他们早就在这样做了。

"嗯?"

"蒙格利先生……我觉得我是波兰人。我在波兰长大,虽然我的父亲,就像您说的,有德国血统……"

"这不是我的猜测,布拉塞先生。这是一个客观的科学事实。别总是被您的情绪所左右,您要学会摆脱它们!"

蒙格利的亲切友好一下子不见了。但是很快,他又再次端起彬

▲ 柴斯拉瓦·科沃卡（1928—1943），1942年被关入奥斯维辛集中营。她的编号是26947，她身上还带有"PPole"标记，意为"波兰政治犯"。（该照片来自奥斯维辛博物馆，由威廉·布拉塞拍摄。）

▼ 克里斯提娜·特杰斯涅斯卡（1929—1943），1942年12月和父亲一起被关入奥斯维辛集中营。她的编号是27129，身上带有"PPole"标记，意为"波兰政治犯"。（该照片来自奥斯维辛博物馆，由威廉·布拉塞拍摄。）

彬有礼的态度。

"请您继续说下去。"

瓦尔特瞥了一眼布拉塞,他只是一言不发、面无表情地看着他。

"蒙格利先生,我是说,我的父亲把波兰看作是自己的祖国。正是因为这个,1921年他曾经和布尔什维克党人进行战斗。"

"但是这不代表任何东西!从表面上来看,历史环境会影响一个人性格的发展,但是一切其实早就由基因注定好了,这才是真正决定每个人命运的东西。而您的父亲也证明了这一点:低劣种族向他发起进攻的时候,您的父亲听从了他基因里的声音,以捍卫祖国的名义对这荒诞的势力进行反抗。您没有意识到这一点吗?"

"我不知道……"

"您是共产党?"

"不,我不是共产党。"

"这是自然,我可以想象。您不可能是共产党,您热爱祖国,是一个勇敢的人,这恰好是您的基因决定的。"

蒙格利十分满意这一结论。瓦尔特昂首挺胸,满是自豪地说:"这就是我说的。很快,布拉塞先生就会接受这显而易见的事实。正因如此,我们才让他活着。"

蒙格利表示同意。

"很好。在我研究的下一阶段，我将深入研究这个人。现在我只能说，我们需要他的工作，他把任务完成得很好，而不仅仅出于义务的要求。"

"是的，确实如此。这大大满足了我对他的期待。"

两个穿着制服的男人背过身去。布拉塞低下头，他想坐下来，闭上眼睛，不再沦陷在恐惧之中。但是他仍僵立在那边，就像一名学生，他不知道教授和系主任是否结束了训话。

与此同时，两位党卫队军官已经达成一致。

"上士先生，请您允许我这样说，我认为布拉塞先生如今大可胜任真正的医生的实验记录工作，而不是简单的人像拍摄。"

"上尉先生，请您根据科学工作的需要来安排他的任务。"

蒙格利拿起帽子，心满意足，准备离开。但他突然转过身，典雅地微笑着，脸上洋溢着赞许的光芒。

"再见，布拉塞先生。我想再次感谢您的付出，您的价值不可估量。"

布拉塞仍旧站在那里，他在等待。

"别让疑惑战胜你。"瓦尔特鼓励他，"我们是为未来而努力工作。

基因决定论是统治宇宙的真理。我们可以净化我们的种族,我们将成为一个不受疾病和脆弱伤害的民族。我们的儿女一定会感激我们,因为我们的所作所为。他们将敬我们如神,因为说到底,这就是我们。神并不存在,布拉塞先生,很抱歉我这样露骨地讲话。您知道我为什么这样确信吗?因为,我每天都能得到证据,来证明我们是神。我们创造着自己的命运,我们是世界的建造者,也是时间的主人。今天我们拥有权力,明天我们将会同时拥有权力和智慧。您会发现,我们正处在一个重要时刻,我们马上就有伟大的发现。"

布拉塞犹豫了,他不知道该说什么,他不知道他是否应该附和同意,或者至少表现出他完全听懂了的样子。

"别绞尽脑汁了。您会一点点明白的。最后您也会用我们的眼睛来看待事物。这就是为什么您存在在这个全新的世界上的原因,您明白了吗?"蒙格利问道。

这是保全他性命的保证,但听起来却更像是威胁。

瓦尔特同意这一说法。

"是的,布拉塞先生,您会明白的。当然啦,我们只需要解决您的小小疑惑……"

终于,他们两个人走了。

"我一定会活下来。"布拉塞自言自语,他总算能坐下来,他的双腿颤抖着,双手漫无目的地在面前的一堆照片和纸片中挑选着什么。总之,他并不满意现状。

12

现在墙上挂着一幅记录着勃勃生机的照片,上面有一小束花朵。那是布拉塞夏天的时候拍的,随后他对照片进行润色,为它加上了颜色,并将它装裱起来。

现在外面冰天雪地,哪怕是在晴朗的日子里,空气仍旧寒冷地凝固着,或是刮起一阵夹杂着冰块的风,然后天上就开始落雪花。但是他仍旧想要向光、向生命献上自己的敬意,哪怕有点儿不合时节。他没有向任何人请示许可。

他在墙上敲钉子,要把照片挂上,所有"同事"都惊讶地看着他,好像他正在准备逃跑。随后大伙一齐说:"真美!"之后,没有人再多说一个字。

布拉塞明白,他们想看看马尔兹的反应,特别是瓦尔特的。

他应该请示一下,这是对的,但是他只听从自己的心。当他把照片挂起来的时候，他在想他的女朋友——芭士卡。他就是这么想的：芭士卡是他的女朋友。然后他用力地锤钉子。

他为她给这朵花抹上颜色，他曾决定把这张照片送给她，甚至亲手送给她。

他心头涌上这一幕，脸上悄悄地露出笑容。

拍摄矮人们的工作结束了，那个星期，蒙格利不断送来新的研究对象，要求对他们进行仔细地拍摄，尽可能多地记录细节。当送过来的拍摄对象是女人时，芭士卡总会陪她们一起过来。她手上拿着有待拍摄的值得研究的囚犯名单，这是她接受的蒙格利的命令。

布拉塞把囚犯拍完，接下来轮到华利兹尼亚克准备题字。他们所有人的嘴巴里都长了一种肿瘤。他用坚定的字迹记录着：表面溃疡，肿瘤。所有人的口腔黏膜上都有清晰可见的脓肿，它摧毁了脸颊的肌肤，接下来脓肿破裂，撕毁周围组织，下颚的骨头和肌肉组织便露了出来。布拉塞用那台老照相机记录下溃疡、毁坏的组织和病人的痛苦，老照相机可以更好地记录细节。那些囚犯睁大眼睛看着四周，而他用一种全新的温柔方式对待他们。他们所有人都是要死的，这是按照集中营的逻辑得出的结论，布拉塞很清楚他们拍完照以后,就没有了价值。蒙格利在他们身上进行荒唐的"疗法实验",这没有任何安全保证,他也没有任何怜悯之心,随后他会飞快地在某张表格上签字,这些人就会被送去处死。有一次,他甚至送来了八具要拍摄的尸体,上面仍有疾病留下的新鲜痕迹。

"蒙格利一定像往常一样,认为这疾病是注定的,出于鬼知道的某种原因……"他们一有机会讲话,芭士卡就这样飞快地评论着,"但是我想说,他要是看看这些人营养不良的严重情况,就可以马上明白他们为什么会生病了。"

他娇小的芭士卡,勇敢好战、惹人喜爱的女囚犯,她总是这样热情满满地朝他微笑!

他们没有时间交流太多的事情。有一天,他对她说她很漂亮。就这样毫无征兆地,他向她倾吐了一个危险的秘密。而她眼睛眨都不眨地说他也很英俊。

没过几天,他们又见面了。

他对瓦尔特说,他要去一次比克瑙,这是出于最近几张蒙格利医生照片的润色工作的需要,他需要确保照片和对象真实形象的一致性。头儿没有反对:只要是为蒙格利,做什么都可以。布拉塞从不愿意踏出 26 栋的大门去多管闲事,这次他竟然这样急急忙忙地

▼ 阿隆·罗维（1879—1942），1942年3月被关入奥斯维辛集中营。他的编号是26406，身上带有"PPole"标记以及字母"J"，意为"犹太裔波兰政治犯"。（该照片来自奥斯维辛博物馆，由威廉·布拉塞拍摄。）

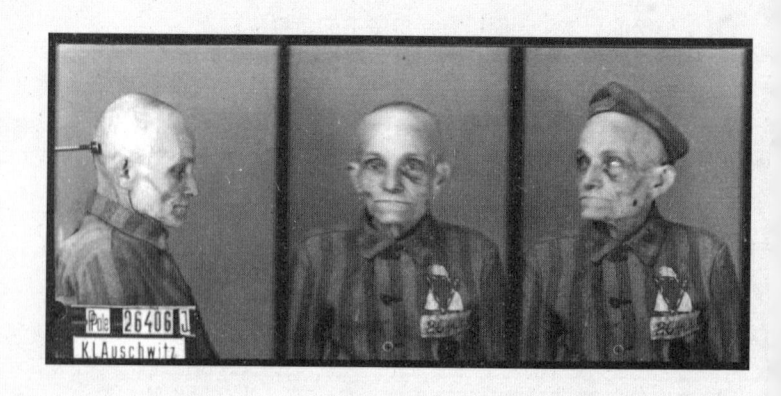

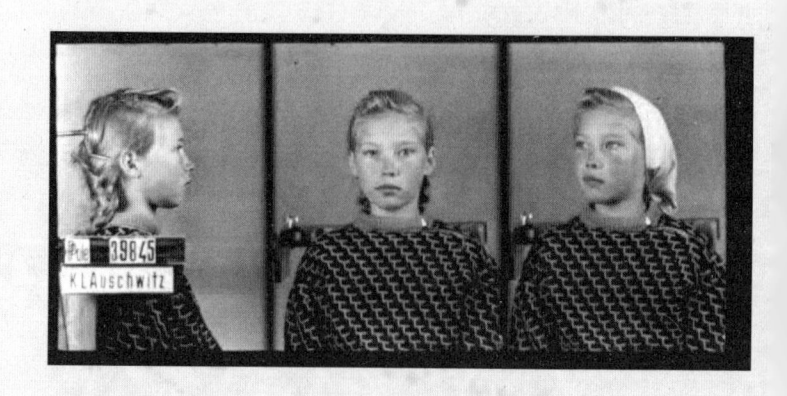

▲ 罗莎莉亚·科娃婕克，年轻的波兰姑娘。她的编号是39845，身上带有"PPole"标记，意为"波兰政治犯"。（该照片来自奥斯维辛博物馆，由威廉·布拉塞拍摄。）

想要出去，而且头儿没有对此感到惊讶。

就这样，他信心满满地跑去找她。他走进她工作的那个棚营，她正坐在一张小书桌前搞蒙格利的名单。他出现的时候囚监也在，她正监视着芭士卡的工作，她以为自己正在完成一项无比重要的使命。而年轻的姑娘一脸严肃地告诉他，她发现名单上那些他所拍摄过的囚犯，绝大多数已经死去了。这绝不是试图接触姑娘的最佳时机，但是无论如何他们还是讲了话。他利用囚监出去的一小会儿，问她过得怎么样？晚上是不是睡得着？她有没有在想什么亲人？他又问她是否害怕？而她没有回答这个问题。

接下来，他利用集中营正常时刻表以外的类似的机会又和姑娘见了几次，他了解了其他关于她的情况，她对他讲了一些关于自己的事情。随后他们决定不再这样见面，因为过于频繁，他们无法不引人注目。最后一次他们在她工作的地方见面时，他们向彼此保证一定能再找出某些借口在某个地方见面。交流结束以后，他握了握她的手。他想要抚摸她白皙、柔软的脸颊，但是他忍住了，因为有人会看见他们的。于是他便含情脉脉地看着她，而她脸红了。

几天之后，他们相约在20栋后面见面。她让他知道在某一特定时刻，她将经过那里，而在布罗德卡的掩护下，他找到一个借口可以出去几分钟。

他一想到这约会,就想起鲜花。眼前是一张接着一张被癌症摧毁的嘴,他想起他拍过的那张照片,那通过摄影献给美好季节的敬意。在零碎的时间里,他曾偷偷摸摸地重新取出底片润色,冲洗之后小心翼翼地给照片涂上颜色。他润色的时候,好像正在爱抚她,从远处让她感受自己的温度。他的内心感到一种荒唐的慰藉,或是一种甜蜜的、美丽的痛苦。

在约定的时间,他在20栋后面看见她以坚定的步伐走向自己,她并不着急,但是眼神中透露出充满等待和喜悦的焦急。

"我不能待很久……"

她喘着气。

他们两个都朝四周看了一下。他们快速地接吻。她的嘴唇皲裂开。他们相互抓着手。有一小会儿,他们挨得紧紧的,时间安静了,他们俩吐出的气在冰冷的空气中混在一起,变成一朵白色的云。

"这是给你的。"他说。他给她看那张花朵的照片,那是几个月前在26栋前面花坛里生长的紫罗兰。有一个党卫队士兵立刻建议摘掉花朵,它竟敢未经许可就绽放在他亲手建造的地狱中央,面对这样的美好,好像刽子手也会难为情。另外三个更加腐败的党卫队士兵，却想拯救这美好，他们感到快乐，因为在奥斯维辛仍旧有这样美丽的东西，这是上天对于他们这些世界主宰者的肯定。

她看着照片，随后抬头，眼睛泛着感动的泪光。

"我不能带走它，"她说，"我怕别人发现它，他们就会知道是你玩忽职守给我拍的……"

他为这种谨小慎微感到难过，甚至有些气愤。她爱他，他知道，她怎么可以总是考虑着他们所冒的风险呢？但是那是一个自私的念头。他抛开这想法，他把照片放进制服口袋中。

"我拿着，"他说，"我把它挂在工作室里。你来的时候，抬起头，就会看到它，它能让你联想起生命。你应该记得这是献给你的。这是我们的秘密，你说好吗？"

现在那张照片就按照约定挂在那里。所有人都喜欢它，但是没人知道这违规行为是否得到了批准。

瓦尔特进来了，他的心情并不好。

"这是什么？"

布拉塞谦逊、严肃地说："这是我拍的，上士先生。我想试一试，看看能不能给黑白照片涂上逼真的颜色。您如果不喜欢，我就马上撕掉它。"

这是和主人交谈时该采用的最好的口气。

"您是用什么来涂色的?"

"用我们有的东西,彩色铅笔。"

"效果很好。您花了很多时间吗?"

"不,我做得相当快。"

上士抓起照片,在从窗户透进来的冷光下仔细观察它。布拉塞害怕他想把它拿走。

"请您多复制几张,并且涂上颜色。"

摄影师感到意外,但是他懂得如何控制自己的惊讶情绪。

"您想要几张?"

"十来张。我可以明早来取吗?"

"我们正是为您服务的。"

他们冲洗出副本,随后摄影师不得不让所有人都照着样子给它们涂色。

瓦尔特感到十分满意。"所有人都会喜欢的,政治办公室的那些人。"他评论道。然后他就带着它们走了,脸上挂着一个微笑。

一天以后,队长又下了新的命令。

"布拉塞,再做三百张,给它们都涂上色。"

布罗德卡、梅什科夫斯基、维奇斯基、华利兹尼亚克、爱德克——他们并不像布拉塞对瓦尔特所说的那样擅长润色,但是他们却精通暗室冲洗,他们都投入到工作之中,来满足新的要求。

一天早上,芭士卡带着两个嘴里长了肿瘤的女人过来。她环视四周,看见她的明信片大小的鲜花照片挂在墙上,她立马脸红了。但是她又看见了几十张一模一样的,她便迅速低下头,感到困惑不解。

他没法跟她解释,他对此无能为力,快要疯掉。

工作结束以后,他们用往常的正式态度告别,但是这次他觉得她对他态度很僵硬。因此随后的下午、晚上和深夜,他就像一个情窦初开的少年一般如坐针毡、辗转难眠,只是因为他的女朋友没有像平常那样看他。

手工上色的照片很漂亮,却并不完美。有的地方会褪色,或在误碰下掉色。瓦尔特又要求做三百张的时候,布拉塞已经准备好接受他的批评。

"能不能让颜色显得更加稳定?我们能不能做些什么?请您告诉我,您是专家。"

"我已经考虑过这个问题了,瓦尔特先生。乳化后的胶片将很好地吸收苯胺颜料，将其锁住，颜色怎样都去不掉的。如果可能征收来一定数量的……"

"我明白了，请您让我试一下。"

几天以后，所有人都大为吃惊，他们收到了布拉塞所要的颜料，他们开始用这些东西开展新的工作。

接下来的几天里，瓦尔特满面春风，他从未如此得意。照片在军官和党卫队军队里十分抢手，一下子就卖完了，身份识别小组的领导人成功地将几百张照片卖给那些想要从奥斯维辛给家人或女朋友寄出一份浪漫的祝福的人。

有一天，瓦尔特带着绝佳的心情出现了。他走到坐在桌旁的布拉塞身边，他从制服口袋里拿出几张票子交给他。

"请您拿着，布拉塞。这些是给您的，请您去商店买点东西。"

那是五张集中营通用的钱票。布拉塞盯着这小小的财富，他看了一会儿，嘟哝了一声感谢。

"很快，你们也会有的，"瓦尔特对布罗德卡和梅什科夫斯基说，"我知道是你们给照片涂的色，你们也有权利得到报酬。"

生意很好。连马尔兹都要求他们送他十来张，如果他们拒绝给他复制几张的话，他就威胁声称要让他们的日子不好过。显然他想卖给他的女同事。

冬天继续着它的死亡使命。毒气室人满为患，塞满囚犯的火车几乎每天都会来，集中营这死亡工厂正如预想的那样完美地运转着。发热传染病也结束了。

"一切都解决了，"有一天瓦尔特说道，他轻轻地耸了耸肩，"只要把所有病人聚集起来，给他们做好登记，然后把他们全部消灭，这样就可以避免一切传染的风险。"

焦肉的气味停滞在集中营上空，每个小时都能闻到，特别是晚上。人们成千上万地死去：新的囚犯从欧洲各地运过来，但是集中营却不会拥挤。与此同时，那些无邪花朵所带来的人造的春天却不可遏制地散布开来，它唤起了人们内心深锁的回忆和真爱。布拉塞想象着那些从奥斯维辛寄出的照片，上面写着"亲爱的格蕾塔……""我可爱的宝琳娜……""尊敬的父母，我思念你们，在此我拥抱你们……"，它们是从地狱寄出来的天堂的色彩。这是不会受到审查的。

瓦尔特的钱包很快就满了，而他的上级对他的感激之情也日益增加。

"我知道，您是一个值得开采的宝藏，布拉塞。您是这样富有创造力，我们绝对可以期待最好的一切！"

那几天，工作繁重，几乎所有的时间都被"花朵"占据了。布拉塞找不到机会去和芭士卡见面，而她也不再带着任务过来，因为那段时间里，蒙格利医生失去了对口腔癌症的兴趣，他可能觉得记录得足够多了。

当医生在考虑新的实验方向的时候，他也买了两张花朵明信片。一张寄了出去，还有一张他挂在实验室里。有一天晚上芭士卡看见了，她愣在那里看着它，一动不动，心里感到很悲伤。

"怎么了，小姐？"

"没什么……"

"您不喜欢花吗？"

"不，我很喜欢。"

"您要我送您一张吗？"

"不，谢谢，蒙格利先生。我看您挂在这里的这张就好。"

"好。请坐，我要告诉您一件事情。"

她服从了，再次，她恢复了她的克制与高贵的神情。

"过两天我要走了。我将到另一个集中营里待一段时间。我将缺席一段时间，但是我在这里的研究实在是太重要了。您把我的囚犯名单保存好，这样我回来以后还能继续我的研究。我已经做好了明确的指示，包括您的任务在内：请您想办法，在我回来的时候那些研究对象仍在。都清楚了吗？"

"清楚了。"

周围都安静了下来。

"就算您不喜欢这花。可是为什么您要用这种眼神看着它？"

"请抱歉……"

"不，别担心。我会把它拿下来。再见，小姐。非常感谢您的帮助。"

13

"爱莲娜·莫拉瓦！"

"到！"

那是一个惊恐、焦虑的女人的声音，但同时她也想要表现出充满活力、时刻就绪的样子，她从那拥挤的棚营的阴影之中走出来，走向他们。布拉塞和布罗德卡站在入口处，背朝略显温暖的阳光。他们不想进去，不想用他们好奇的目光冒犯聚集在里面的那些女人。他们更不想为不得不闻的臭味而屏住呼吸。女囚监芭士卡立刻决定把名单上的女囚犯叫出来,好让身份识别小组的那两人马上给她们拍照,就在入口的地方用康泰时小相机拍。

"动作快一点!"她朝黑暗中吼叫着。

爱莲娜从阴影中走出来,暴露在日光之下,她不得不用手遮住眼睛。

布拉塞认为她大概有五十岁,但是也可能只有三十岁,她在那里头在饥饿和恐惧中活了几个月。他试图用微笑来鼓舞她,他希望对方见到其他和自己一样的囚犯能够安心。他们不是来叫她赴死的,至少不是马上。

女人双手抱在胸前,颤颤巍巍地走过来,阳光洒在她身上,所有代表痛苦的伤痕都显露出来。布拉塞仔细地观察她,他意识到她已经过于脆弱,这样特殊的身体条件难逃毒气室的命运。不过现在他会给她拍照,然后她就再无希望可言。

"早上好,爱莲娜。请你出来,别害怕。"

女囚犯服从了,她又向前走了一步,她下意识地把手放到头发上,好像是因为面对两名陌生男子的缘故,她要捋一捋头发。

"很好,现在抬起头来,看着光。是的,就是这样。"

在日光的照射下,爱莲娜的眼睛最为明亮动人。就像集中营

▲

1944年5月,比克瑙集中营。一批犹太人囚犯正在4号毒气室附近的小树林里等待"死亡通知"。该照片拍摄于他们被处决之前。(该照片来自耶路撒冷犹太大屠杀纪念馆)

的医生军官威尔斯少校那样：她的一只眼睛是蓝色的，另一只是棕色的。

布拉塞从不同角度拍摄了三张照片，他把瞳孔放在画面中央的位置，随后迅速给她拍了一张肖像。

"好了，拍好了。"

爱莲娜的脸上好像画了一个问号。那么现在呢？

天知道是为什么，布拉塞竟然没有克制住，他对她说："随时准备好，你的眼睛很特别，威尔斯医生想要仔细研究一下。"

她获得了这根希望的稻草，她没有微笑，只是点点头，她已经在想未来的事情了：她要活到明天、活到下星期，直到最终自由的那一天。随后她转身回到其他身处冰冷黑暗、浑身散发着臭味的女人中间。布拉塞和布罗德卡瞥见了她同伴惊讶的眼神，她们已经永远和她告别。那里还有了一些充满嫉妒的神情。

"这里没有别人了，"女囚监很快说道，她瞥了一眼名单，"你们到17栋去。"

她们拿着名单走了。

她们希望在夜晚降临前把照片都拍完：那天白天，女囚犯全部被送进棚营。集中营的上级说，要对她们进行一次检查，别的什么也没讲。

要交给威尔斯医生的双色眼睛的女人一共有8个。他们发现，她们几乎都是波兰人。

日光有些不足，外面还刮着冬末春初的风。这样匆匆拍完第一个女囚犯后，他感到鼓舞。很快他们就可以回到26栋了。这个任务相对较轻，比拍摄那些嘴里长了肿瘤的男人女人要好多了，但是近几个月的经历让他们对实验所带来的可能性结果丧失了信心：微笑和安慰其实永远意味着欺骗。

现在蒙格利在别处，但是别的实验还要继续，因为还有其他空闲的医生，他们也想研究出点什么东西来。

他们继续拍。别的双色眼睛女人没比爱莲娜好到哪里去，她们都被这召唤吓得半死。但是她们的眼睛却充满魔力，闪动着不安与神秘。

拍摄第四个囚犯时，布拉塞想到了芭士卡。他们见面少了，因为现在她重新变成了和别人一样的囚犯。

"如果你也有双色的眼睛，那么我可能就找不到你了。"他想。在奥斯维辛，做一个特别的人要么意味着拯救，要么意味着比其他人更糟糕的死亡。不管怎样，这些有着双色眼睛的女人将会永远留在照片之中：特别的，独一无二的。就像我们每一个人那样，人们都是这么说的。肖像（特别是精心加工的那些）总能表现出这一点：每一个个体的珍贵之处。

这时候，他决定给芭士卡拍一张肖像，这将会是他所完成的最棒的肖像。

过了一会儿，冒着被发现的风险，他用一张集中营的钱票去贿赂一名看起来没那么冰冷的女囚监。

"你想做什么？"她问，看着这从天而降的意想不到的礼物。

"我想让你给一个囚犯传话。那是我的亲戚，叫芭士卡·斯坦芬斯卡。"

"芭士卡，是的，我认识。要说什么？"

"请你告诉她，摄影师布拉塞要她过去，有急事。她曾是蒙格利医生的秘书，她曾经陪那些囚犯到我那里去拍照。她知道该怎么过来。让她今天下午到身份识别小组来，不要晚过两点。"

这样一来他还可以利用日光。

"你明白了吗？"

那女人粗俗地微笑着。

"两点的时候你们是要独处吗？你是想要这样吗？"

"你不需要知道这些。"

"这对我来说很重要。你还有吗,这个?"

他没有再讲什么,他又给了她一张,打发她走了。那张花朵照片仍旧卖得很好,很快他又会有别的钱。

稍晚一点儿,在 26 栋里,他装作不知情。所有人都在涂花。瓦尔特放慢了其他活动的节奏,他现在只是过来拿货。

布拉塞的心怦怦直跳,那一天是拍摄他的女人的最佳时机。就算有人发现他把摄影室用作私用,他也会被包容的。但他不是因为害怕才这样激动:他觉得自己就像是第一次约会的恋人。他们见了好几次,他们讲过话,他们甚至接了吻。但是那一天他却担心自己被拒绝,因为自己要求得太多。

芭士卡一点半的时候到了。一个人。她看着他,仿佛在等待什么糟糕的消息。

"欢迎!"布拉塞向她打招呼。

其他人都热情地看着她。这里没有秘密。

"发生了什么事情?你为什么要把我叫过来?"

"请坐,"他回答道,他指了指转椅,"我想给你拍一张照片。"

这让芭士卡比之前更害怕了,她差点儿没喊出来。

"为什么?怎么了?"

他走过去,要抱她。

这更糟。

"你是不是要告诉我什么事情?我要死了?"

"不,不……"

"别骗我!你不要!"

"芭士卡……"

"这风险太大了。"

"不,不,别害怕。我们动作快一点儿。我想拍一张你的照片,我会把它藏好,我自己拿着……"

他把她拉向自己。楼里的"同事们"看着他们,感到有些蒙。

"快一点儿。"华利兹尼亚克说。

"是的,赶紧。"布罗德卡开始调整灯光。

朋友们的热情让女孩平静下来。

但是布拉塞想要单独给她拍,他让所有人都出去了。他让她坐下,把她转过来,他调整灯光,然后打开窗,又把它关上,之后又打开了。他用温柔而坚定的小小的动作给她调整姿势。

她任凭他摆布,但是她还是显得有些僵硬。

当他看到镜头中的女人时,他看见了她的矜持。

他走过去,抓起她的手。

"亲爱的,我想要这张照片。我想给你拍,这也是给我。我想让你知道你究竟有多么美丽,我想让你知道我是怎么看你的。请你不要怀疑我对你的爱……而且我也想永远把你珍藏在我的身边,就像一个恋人所做的那样。你不想吗?"

她看着他,柔情似水,眼神里有一种特别的东西。他不知道那是什么。

他按下快门。一,二,三,他拍了三张,都是正面像。

他不要求她笑,这样很好,那个介于信任与克制之间的眼神也很好。

"好了,拍好了。"

他对有双色眼睛的女人们讲的也是这句话。

"别把我给任何人看,"她命令道,"任何人!你的朋友也不行。"

他感到疑惑。

"你怕什么呢?就算瓦尔特知道了这件事,他也不会说什么的……"

"不是因为瓦尔特,因为我。我不想你把我的照片给别人看。

就像你之前那样……"

她犹豫了。

"我怎么了?"

"……拿我的花。"

他坐着,把头埋在手里。那美丽的鲜花,那该死的花,现在整个德意志帝国都传递着这爱的讯息……

这时候,她哭了。他也想哭。

"没人会看见的,"布拉塞保证,"我会亲自冲洗它。我只留一张,然后把它藏起来。但是现在求你别哭,求求你……"

她拭去脸颊上的泪水,揉揉眼睛。她就像一个小女孩,布拉塞心头一紧。最后芭士卡笑了,她很满足,或者至少布拉塞这样期待着。

离开的时候,她抚摸了一下他。她甚至说了"谢谢"。

但却是他感到的一种莫大的恩赐。

14

布拉塞永远都不会忘记集中营想要把自己吞噬的那一刻,这里不仅嗜血、靠死亡滋养,它还以人们的卑微和绝望为生,甚至在那么短暂的时光里它曾成功地扼住了他的咽喉。

"威尔斯医生也对您十分满意,"他的上级对他讲,"今天他会再来,来求您帮他完成新的作品。现在我很担心,有人要把您从身份识别小组抢走,迫使您全天地为一个特殊项目工作。"

"希望不要,瓦尔特先生。我在这里待得很好……"

"别这样着急和我保证,布拉塞。我知道您在这里觉得安心。但是德意志帝国的需要比您的安全更重要。我们是有义务在身的,我们必须为此赴汤蹈火。我们医生部队的科学研究正如火如荼地进行着,他们会需要您的帮助。只要我可以,我一定会试着把您留在这个队伍里面。"

布拉塞心怀感激地同意了,即使他的心仍七上八下的。

"别这样想,"瓦尔特鼓励他说,"请您继续工作吧。威尔斯医生来了以后,我会亲自陪他过来找您,这样他们就更加清楚,您之所以可以为他们服务,完全是得到了我的批准。"

但是一个小时后,当两位党卫队军官来到工作室时,却是威尔斯在下达命令。

"在接下来的几周里,您将要去10栋拍摄并记录由克劳伯医生主持的妇产科的实验。"

▲ 卡尔·克劳伯（1898—1957），纳粹党卫队成员、奥斯维辛集中营的医生。他在手无寸铁的女囚犯身上进行妇科实验，研究灭绝整个犹太民族的快速绝育方法。他要求布拉塞通过拍摄实验中的女囚犯器官，来记录其研究成果，从而也记录下了其残忍的行为。（该照片来自奥斯维辛博物馆）

"我……应该做什么?"

"我会送来一组挑选出来的犹太女囚犯。您首先要给她们拍肖像,登记的时候要用;接下来,您会得到该如何拍摄实验品的指示。跟她们一起的还有一位专家,马克西米连·沙米尔医生,您听他的指示就可以。"

他们注意克劳伯医生好几次了。他穿着民服,面容和善,就像体贴周全的家庭医生那样。而沙米尔医生和他们一样,也是一个囚犯,或者不是。

"他们要研究节育的方法,"瓦尔特解释说,"别的我不知道。这些研究专门用来解决如何避免下等种族繁衍的问题。"

他曾经这样对布拉塞讲,好像布拉塞理所当然该知道这些事情。他也好像在等待布拉塞同意他们的观点。

因此他为他们奉献得太多了。他们是不是以为他不仅为他们服务,而且还是他们计划的一部分?布拉塞这样问自己,同时他正在一个小时一个小时地等待犹太女囚犯的到来。但是他没有找到答案,相反他的内心深处却升起了一种强烈的不安:他感觉自己正陷入一个黑暗的陷阱之中,他感觉无法呼吸,他多想逃走。但他还是坚持了下来,他不停地对自己说:这一切不可能比之前更加糟糕。即将到来的，是第 N 组被送上刑场前等待拍摄的囚犯。

现在他就在那里，他用眼睛看着她们。

沙米尔医生正熟练地使用勺型钳子，他面前是一位打了麻醉剂睡着了的十八九岁的姑娘，还有两个女人陪着一起来，她们把她扶坐在妇产科椅子上，打开她的双腿，她们表情严肃地观察着。医生把钳子伸向她的阴道，动作缓慢而温柔。但是他的动作却毫不迟疑。两分钟后，医生小心翼翼地把女孩的整个子宫从阴道取出，把它放在一个小盆子里。

"请您过来，布拉塞先生。我把那些需要拍摄清楚的地方指给您看。"

布拉塞感到头晕眼花，他走上前。他没法不去看那满是鲜血的器官，那腹部受到侵害的沉睡的姑娘就在那里，她的模样折磨着他。他想要说话，但他说不出来。他感到身体内部有一种晕眩，想要呕吐的感觉正在加剧，不断加剧，快要失去控制。

"瞧，仔细看这个上了色的血管，在白色对比下显得很突出。这是我们给病人服用的药物的效果。我们对它有特别的兴趣。您明白了吗？"

血管、白色条纹、姑娘那显得更为苍白的皮肤，那从双腿之间流出的鲜血让那白色变得令人难以忍受。还有那血液的气味……

"您听懂了吗？您在听吗？"

"懂了……"

"好，那就请您拍照吧。"

布拉塞集中精神，他不能做别的。他按下快门。

随后他们把女孩盖上，将她拉了出去。

他们让另一个姑娘进来，然后又来一个。所有人在麻醉剂的作用下毫无抵抗地昏睡过去。他不明白为什么。他们还见过其他什么更糟糕的事情吗？他们是不是对她们承诺，她们不会受到任何伤害？

布拉塞忍耐着，然后拍照。灯光像往常一般被精心放置好，却从没有像此刻这样刺眼。他开始渴望黑暗、夜晚、静默。他开始感到自己很肮脏，身上的污渍无论如何也难以洗掉。

一共有五个姑娘。一个小时之内就全都拍完了。

但是这一切只是开始。

晚上，他把照片冲洗好，五个年轻姑娘被取出的子宫看起来一模一样。原因显而易见。

一天后，研究负责人克劳伯医生就来和瓦尔特抱怨："这是黑白照片，对我们医生来说一点儿用处也没有。"

"我们需要彩色的照片。"瓦尔特在和医生见面之后对布拉塞说。

布拉塞什么也没有说，他只是无能为力地伸开手臂。

"我看看能不能在卡托维兹找来彩色胶卷，"瓦尔特总结道，"你别再拍这种照片了，等我弄到正确的材料以后再说。"

说完，瓦尔特转身要离开，但布拉塞叫住了他。

"瓦尔特先生。"

"我们这里没法冲洗彩色照片。我们没有器材，您知道的。我们要把彩色胶卷送出去才行……"

"当然了，布拉塞先生，这不用你提醒我，我明白得很！"

就这样，布拉塞继续拍这些照片，但是他再也不用重新看它们的彩色底片。这已经令他松了一口气。

接下来几天，布拉塞以为思念芭士卡可以让自己头脑清醒，但是一想到她，一想到这些事情也可能发生在她身上，布拉塞的焦虑感就增加了。晚上他甚至无法入睡。仿佛他栖身的小巢的墙壁崩塌了，他暴露在死亡的威胁下，而一群恶狗正对他虎视眈眈。他再次看见那些安静昏睡的姑娘。他知道他第一天拍的是来自希腊的犹太姑娘。他想象着那场带领她们从希腊来到奥斯维辛的旅行，她们从充满阳光与艺术的神话土地来到这被神遗忘的黑暗地方。他试图寻找一些微小的幻觉,好从中寻找安慰。沙米尔医生向他保证:通常情况下,手术不会带来不好的结果,但是他很清楚,在手术和拍照之后,等待那些从手术室出去的姑娘的只有死亡。

"这些女人可以挺过创伤,"医生一本正经地说,"因此克劳伯医生认为一场彻底的种族绝育运动是可能的。"

夜晚,那些姑娘的目光、医生研究过程中所采取的手段、鲜血的颜色、等待拍摄的仍带着生命气息的器官、无动于衷帮助着医生的女人们,这一切都糅在一起,变成一场噩梦。布拉塞想要摆脱这些影像,逃离这些将他吞噬的情绪。他闭上眼,再次合上眼皮,再用力闭紧双眼,但他意识到他做不到。

"这就发生在 26 栋,在我的工作室里,"他不停地想,"我在这里三年了,我总是试图少看一些。现在他们过来找我,就在我眼前做这些事情。而我却无能为力……"

那么芭士卡呢?最近他们断了联系。他甚至不知道她现在被发配去做什么工作,蒙格利医生并不在。他没有机会给她看她的照片。于是他试图用千万种方式想象这爱的举动将带来的喜悦。只有这样他才能够睡去,然后在号声中睁开眼睛,马上他又看见了那鲜血和恐怖。

"科学是不会停下脚步的,"一天早晨,瓦尔特在他办公室对他说,"很快,我们要拍摄中尉保罗·克雷米尔医生的实验。"

布拉塞无法克制自己表示出厌恶的举动。

"怎么了,布拉塞先生?您不喜欢见血?"

"不,上士先生,我……"

"您不想上战场?如果我没搞错的话,他们抓住您的时候,您正试图穿过斯洛伐克的边境,好加入在法国的波兰军队,是不是这样?"

为什么德国人就不能放过他呢?

"请您回答,是这样吗?"

"是的。"

"在战场上您将看到更加糟糕的事情,您知道吗?您看见过残肢、开放的伤口、被手榴弹炸开的脑袋吗?"

"没有。"

"这就是不会征求你意见的死亡,布拉塞先生。这里,我们只是在做医学研究,我们尽可能地小心翼翼的。而这项研究是为了全人类的好。您没有意识到这一点吗?"

他一动不动,眼神停留在前方。他觉得回答就意味着妥协。

"您是在挑战我吗,布拉塞先生?"

"没有,先生……"

"您认为自己是不可取代的,因此就不会受到我们的怒火是吗?"

"不,我没有这样妄想。我会完成好自己的工作,上士先生,就像我一直在做的那样。"

瓦尔特静静地看着他,看了很久。他的眼神里满是不信。

"我没法到你的脑袋里去,我亲爱的摄影师。我只能通过你的行为来判断你的想法。而这些却是无懈可击的,我知道。您就这样往前走吧,请藏好您的那些想法。"

他不敢回答,他从来没有、也不敢试图表达自己的这些想法。德国人想要他的灵魂,而他却牢牢地把它留给自己。

"总之请您放轻松,"瓦尔特总结道,"克雷米尔医生不负责妇产科。他研究的是长期挨饿的对象的器官衰败情况。如果我没理解错的话,您只会看见那些刚刚死去的被解剖了的犹太人,您需要特别拍摄肝脏。都清楚了吗?"

"解剖是要在……这里完成吗?"

"是的。被挑选的最虚弱的囚犯,将被拖到这里,您拍好他们,然后他们将被注射致死,随后立刻被医学专家解剖。他们的肝在失去活体机能之后将被立刻研究。如果您还想知道更多,您可以自己去问那些进行解剖的医生:他们是波兰人。您还有什么问题吗?"

瓦尔特很生气。布拉塞用这样莽撞的口气建议这些血腥事情远离26栋,在他看来这是针对他个人的批评,这是他对自己婉转的指控,控诉自己对党卫队同僚的敲诈的屈从。或者更糟的是:他正在暗示,他们的奉献将为身份识别小组的领导人上士先生带来一些报酬。

"请您走吧,布拉塞先生。离开这里,在我对您是否还有充沛的精力为我们的事业而奋斗产生怀疑之前。"

布拉塞离开了办公室,他没有走最快通往26栋的那条路,而是走到田野里,让眼睛里充满生命的景象:在斥责和鞭打下服从工作的队伍;无比虚弱还生了病的囚犯,无法再继续工作,他们惊恐地环顾四周,以为自己已经上了那错误的名单;专门负责运输的队伍正在往车子上装尸体,要把他们送到焚尸场。一位党卫队军官从远处上下打量着他,随后他认出这是给他拍了一张穿着新制服、拍得很棒的照片的摄影师,他还多冲洗了一张寄回家,他的父亲现在显然为自己的儿子感到骄傲。

"早上好,布拉塞先生。您是要拍摄什么人吗?这里可没有什么好的拍摄对象,我觉得。"

布拉塞虚弱地一笑,他没有回答。他好像一个疯子,或者是一个迷失在茂密森林里的男人,他已经在那里待太久了,他再也找不到出去的路,他也没有力气,甚至不知道该回到哪里。

"您还好吗?"

党卫队军官温柔地问,他甚至表现出了一些担心。

"很抱歉……抱歉……"布拉塞嘟囔着,"我要去比克瑙,有人要求我去拍摄几位……关于……女囚……"

"比克瑙在那里。"

布拉塞低下头,他感到难为情,就像一个被发现在厨房偷东西吃的孩子。

"是的,是在那里。感谢您,中尉先生。"

但他却没有勇气走过去,他不敢去找芭士卡。他对自己说,也许她那时已经死了,他只留有一张她的照片——几周以前最后拍摄的一张漂亮的照片。

15

"啊,她呀?漂亮,真漂亮。她已经死了。"

"死了?"

"是的,她是服毒自杀的。她再也活不下去了。她可真漂亮呀!"

在焚尸炉前工作的那个囚犯很高兴可以抽到一根烟,他的口袋里还藏着三根。布拉塞向他打听关于芭士卡的情况,他还问了其他人。他的女朋友不见了,但是她却没有出现在任何被处死的囚犯名单里。如果他们把她发配到别处,那么也一定是突然的行为,他动用了所有的熟人关系,却没法得到那最近离开集中营的人员名单。

他的"同事"告诉他,关于那姑娘他什么也不知道,为避免引起怀疑,布拉塞立刻转移了他的注意力:他又向他打听其他女人的事情。这样,囚犯就向他讲了另一个姑娘的事情,布拉塞对她再熟悉不过了,在集中营里她很难叫人不去注意。

"你认识她?"

布拉塞吃惊得张开嘴。

那囚犯享受到了一种透露惊天消息的感觉,他看见对方听见那姑娘自杀之后的反应感到十分高兴。

布拉塞打起精神来,勉强回答说。

"我给她拍了一张照……"他说,"几个星期以前。"

"照片?"

"是的,是她想要的。她对我说,是要寄给她母亲的。她到我们 26 栋来过。她很优雅……她穿着干净的烫好的制服,头发扎好,整整齐齐的。她的身材曼妙……束起的头发露出优雅的脖颈线条,突显脸部的轮廓。真是令人叹为观止……"

布拉塞记得每一个细节,但是他艰难地说着每一个字,仿佛突然间她的形象就会消散不见,而他不得不再次费心拼好。他不能够相信这年轻的党卫队女助手竟会自杀,她是指挥官办公室负责通讯服务的工作人员。

"虽然她给他们工作,她是很漂亮,但我相信她也很敏感,"囚犯评论道,"太敏感了。有几次我见过她,她站在办公室的窗户旁边很长时间。从那可以看见焚尸场的入口。在她值班的时候,她大概一直在看装着裸尸的车子经过。然后车子回来的时候都空了,尸体变成了烟,直直地冲上天空,一刻不停,你没办法看不到。她坚持不下去了。她是有灵魂的,这看得出来。"

这时候布拉塞微笑了。

"是的,她有灵魂。"他肯定地说。一个饱受折磨的灵魂。他可以这样讲。

他没有告诉囚犯他为这美丽的党卫队女助手所做的事情。他想要保守这个秘密。

她曾在一个晴朗美好的早晨出现,浑身散发着夺人心魄的魅力。她就像一尊小小的女神,作为男人,身份识别小组的成员们特别关照她,不过他们不得不保持最大限度的尊重,因为毕竟她穿着和党卫队士兵一样颜色的制服。

通常情况下,助理是不和囚犯接触的。但是这位姑娘看起来对于破例一事并不在意。

"您是布拉塞先生吗?"

她听说过他。他作为摄影师的名气已经在集中营的军官里传开了。

"我想让您给我拍照。只有您,您明白了吗?"

他同意了,示意让布罗德卡从工作室里出去。虽然布罗德卡略感不悦,但他还是听从了,他感到有些好奇。

"好,请您坐在这里。"布拉塞指了指拍照用的转椅,他突然嗅到一丝香水的气味,那是来自真正的女士的香水。那香气馥郁、芬芳清雅,他被迷得晕头转向,好像刚被扇了一耳光一般。

她坐下,捋捋裙子。下面露出一截形状完美的小腿,而她的小脚插在擦亮了的皮鞋里面。

她让人联想起规则秩序,她代表了城市文明,体现了正常的生活。布拉塞在摆弄灯光的时候,继续闻着那香水的气味,他意识到女孩正在看着自己,他瞬间回到一个难以置信的过去经历之中:他那时只有二十岁,非常年轻,拥有宽阔的肩膀;他穿着一件新衣服,因为在舅舅的工作室里干活,赚了几个钱可以花;他在一个饭店里,和其他年轻人、姑娘们在一起。他逗姑娘们笑,把她们的目光都吸引到自己身上,他懂得如何用言语向姑娘献媚,然后他就看见她们脸红了,这暗示着接下来值得一试的亲密行为。他并不算是真正的花花公子,他没有时间,也没有动力真正这样做,但是他喜欢这主意,他知道。此刻,这些仿佛已经是另一个世界的事情,一千年以前的故事,回忆爆裂开,浓浓的忧愁将他击倒。

"我想要寄一张照片给我的母亲。"

她的声音甜甜的。他正背对着她,转身去看她之前,他重新用力闭上眼睛,好给自己力量保持正经与严肃。

"一张漂亮的肖像。那是当然。好的,请您不要直接看镜头,略微转过去一些,这样。"

他触碰她。她却一动不动,就像一位女王。

"我想让母亲看见我最近的样子,让她知道我还是我,我还是那样美。"

他和她讲话,她就好像是一位刚刚走进他城市工作室里的重要客户。

"您一定会满意的,请您相信我。"

"因为我本来就漂亮,是吗?您以为呢?"

她盯着他看,甚至有些焦急,她等待他回答。她心弦已经拨动了,不然她不会问这个问题。但是他没有责备她。

"很美,小姐,是的。"

"我穿着制服也美吗?"

他努力保持专业的姿态。

"制服……打理得很好,穿在你身上再好看不过。"

"如果我把它脱了呢?那才更像我,您说呢?"

"嗯……"

她突然做了一个决定,她开始解夹克扣子。布拉塞没有动弹,他感到目眩神迷,他就这样看着她。

"您知道我究竟想要什么吗?"

夹克掉在地上,她开始解衬衫的扣子。很快他就瞥见了下面的蕾丝文胸,包裹着丰满、柔软的胸部。

"小姐……"

"快点,别慌。我要一张赤裸着胸口的照片,因此我不想有别人在场。您可以拍吗?这有什么禁忌吗?您只会给我一个人看,不是吗?"

"是的……那是自然……"

她把文胸放在工作桌上铺开的衬衫上面。他集中精神,他进入集中营以后从来没有这样专心过。终于,当他用专业的神情重新抬头看她的时候,他再次迷醉了。

她挺着胸脯,摆正肩膀,手臂伸直,垂在腰旁,双手抓住转椅,好让胸部显得更加丰满。她的胸坚实有形,妙不可言,乳头悬在空中,充满生机活力,令布拉塞目不转睛。她的皮肤仿佛洒满了月光一般,洁白细腻。在脖颈和胸口之间,他发现了一条隐约可见的蓝色血管,这一细节让他最为着迷。现在,她的脸庞完美而白皙,所有的线条都舒展开,没有一丝皱纹。她拥有一种坚定的神情,布拉塞被深深吸引。他也注意到了姑娘来时就涂着的淡淡的一抹口红,红唇在白色的脸蛋上显得煞是好看。

他努力摆脱这诱惑。他想这个时刻,很可能会有某位上级走进来。那将意味着他的毁灭,更是她的。他按下快门。当她重新穿上衣服的时候,她终于从他饥渴的眼神中抽身而出,他也感到放松而愉快,同时他仍旧忐忑不安。

"照片什么时候能好?"

"明天就可以,小姐。"

"明天我不能来。过两天吧。我可以信任您的谨慎吗?"

"可以……那是当然……"

当她再次穿好衣服,她的制服又完美地贴合在她身上,就像一件神圣不可侵犯的铠甲。她在囚犯仰慕的眼神中身姿挺拔地离开了。

布拉塞离开工作室,心情仍旧没有平复下来。他不得不承受同伴对他的打趣。通常他们都没什么事情可以说笑,当这种可能出现的时候,所有人都会加以利用以求畅快。

他按照约定,亲自冲洗好那"危险"的照片。期间,他没法不去想那不断挑逗他的诱惑。

三天以后,她来了,依旧优雅、穿戴整齐。

"太好了。"她评论道。

▲
约瑟夫·匹兹,1940年7月被关入奥斯维辛集中营。他的编号为1420,身上带有"PPole"标记,意为"波兰政治犯"。(该照片来自奥斯维辛博物馆,由威廉·布拉塞拍摄。)

▼ 一位于1942年5月被关入奥斯维辛集中营的女囚。她的编号为7425,身上带有"Jude"标记,意为"犹太人"。(该照片来自奥斯维辛博物馆,由威廉·布拉塞拍摄。)

他们再次独处，这应该没有人看见。

"这真的是给你母亲的吗？"布拉塞大胆地问。

"别担心，真的是这样。"

她准备走，布拉塞却想拉住她，再讲两句话。

"请拿好底片，这样您都有了，没人可以复制这照片。"他建议说。

她看着他，这次眼里多了一丝狡黠。

"不，您拿着，布拉塞先生。请您悉心保管好。是我害怕我自己不能善用它。"

他同意了，没有怀疑什么。

两个星期过去了，他再没见过她。

现在她死了。她过来的时候已经决定好要去死了吗？布拉塞和告诉他消息的囚犯告别之后，仔细想了很久，然后他觉得是这样的，那个时候她已经想要结束一切了。但是那个时候的他却不明白。

他想弄明白她的所作所为，他绞尽脑汁要知道原因，集中营发生的其他一切都与他无关。可能这承载着过分娇媚的照片确实是要寄给某个人的。寄给母亲，就像她说的？谁知道呢。最终她对这疯狂的狱中所发生的一切暴力行为、一切官僚制度进行了最后的抗议。那是她的抗争，她用的不是语言，而是她年轻、美丽的身体。

囚犯每时每刻都在把尸体放进焚尸炉里,他看得很仔细:眼睛、头发、嘴唇、肩膀,还有这样美丽的胸脯,这样的美好属于一个承受不了从窗边看到那些景象的姑娘。

现在她变成了奥斯维辛的另一个回忆,一个要抛在脑后的又一个疯狂记忆。

布拉塞在想那些底片,他尽可能地将它们藏好。它们还在,它们决不能落入坏人的手中。他感觉自己有责任去守护,好像那些底片就是她本身:人类敌人的神秘助手身处地狱中央,她最终只想简简单单作为一个女人存在在这世界上。

他想到,正是因为这些底片的存在,有一天他才可能为她献上敬意。他可以把它们献给一位父亲、一位母亲,或者是一个遥远的男朋友。他可以在把照片献给他们的时候,讲述一个孤独而绝望的女子的故事,她被时间推向令人尖叫的深渊边缘。他想,是的,几年来他每天拍下的照片都承载着回忆:囚犯、囚监、头脑变得不正常的腐败的医生。他正在成为它们的守护者。在档案中,所有人都拥有编号、名字,按顺序排好,这也是一场竞争:胜者与主宰者,和其他胜者、主宰者待在一块,牺牲者和牺牲者被放在一起,而德国姑娘却绝世独立,因为她满溢的无邪芳华,自成一栏。

这些念头把他带向远方，通向未来。它们把这些照片的命运和未来联系在一起。

他想，只要照片被保存下来，它们终将获得某个意义：回忆，就是将来年岁的目标。这目标将保护他不变疯狂。他回忆着那千万张脸孔、那些眼睛，还有其他故事。他至少拍摄了五万名囚犯，还有几百个纳粹军官。他想到芭士卡的照片，他只有她的照片，而他并不知道她是死是活……

一天晚上，大家在召集令响后聚集在一起，有人大声喊他的名字。
"身份识别小组的摄影师布拉塞出列！"
他走上前，害怕将要发生什么可怕的事情。
其他囚犯都散了，一个军官带着审问的神情走过来。
"我是亨里克·舒沃兹上尉。您就是布拉塞？"
"是的，先生。3444号囚犯听从指示！"

他是用德语回答的，通常，这将让军官最大限度地拥有好心情。但是舒沃兹上尉有一个明确的任务在身，他不想让自己受到影响。

"我正在为指挥官开展一项调查，我希望您可以尽您所能来配合我。否则，您将马上面临死亡。您听懂了吗？"

"是的,先生。"

"最近,您是否在身份识别小组的工作室里给一位通讯服务组的女助理拍摄了一张照片,一个金发穿着制服的年轻女人,但是她却要……用不寻常的姿势来拍照?"

布拉塞没有迟疑。显然他们都知道了,他们也看见了那张照片,或者至少是副本。

"是的,先生。是我拍的照片,我是按照要求拍摄的。"

军官观察着他的表情。或许他想问他为什么会同意给一个雅利安女人拍摄一张半裸的照片,她可是德意志帝国军队特殊部门的一名助理……

"您有底片吗?"

"是的,先生,我把它们放在身份识别小组的办公室里,这是我的义务,我保管着所有拍摄好的照片底片。"

舒沃兹上尉好像在判断是否应该深入了解其他具体情况。他还是做出了决定。

"您可以马上把这个底片交给我吗?"

"当然,先生。在您的允许下,我将马上拿给您。"

"请您去拿,我在这里等您。"

布拉塞快跑过去，他为自己的恐惧感到难为情，他压抑住自己思念绝望年轻女人的心情。他上气不接下气地来到26栋，匆忙找到底片，然后回到军官那里。男人看着底片，感到心满意足。

"很好，布拉塞。我命令您不要和任何人谈论这件不愉快的事情。别人都说您是可以信任的，而我相信我的同事。这个女人从来没有存在过，您同意吗？"

"是的，先生……她从来没有存在过。"

他在那里，精神抖擞。他努力控制自己的呼吸和心跳。当军官走远的时候，他意识到自己都不知道那绝望又美丽的女人的名字。现在一切都太晚了。德国人带走了她美艳不可方物的照片、她的反抗、她痛苦的呐喊。对于她留下的东西，纳粹军官可以为所欲为：首先利用那美丽解决自己的需要，糟践那回忆，然后当他兴致过去的时候，他就会彻底否决她曾出现在地球上的这一事实。

这种事不能再发生了，他对自己说。他感到身上肩负起一种比自己更加重要的责任。现在他知道原因了，也知道应该怎样做：也许有一天他会死去，但是任何一个有灵魂的人都应该看到他拍的这些照片。了解、判断、痛哭、铭记。

这难道不就是摄影师的使命吗？

第三部
奥斯维辛：1944—1945

抵抗和见证

1944—
1945

1

"请,布拉塞请坐……"

布拉塞坐下前犹豫了一下,但是他没有随意坐在那里。他打起精神,可还是低着头。

"请您抬起头来,不管别人讲了些什么,我可是不吃人的。"

汉斯·奥梅尔上尉和悦地看着他。看到自己残忍、好虐的名声竟给这位年轻的波兰摄影师带来不小的影响,他有些沾沾自喜。

布拉塞正襟危坐,等待着对自己命运的宣判。

"我来身份识别小组的时候,我看见您总是很放松。那是您的巢穴,不是吗?"

"是……我的小组,先生。"

"那是当然。您工作能力十分出色,所有人都这样讲。而我亲眼看见您的同事是如何服从您的,他们时刻准备好去完成您交代的任何事情,他们有任何问题也会充满信任地过来请教您,甚至连瓦尔特上士也总是把您挂在嘴边……"

布拉塞感到疑惑。这几天，奥梅尔上尉越发频繁地把脚踏入26栋。他总是一脸轻松甚至友好地来拜访。他和瓦尔特一起抽烟、聊天、说笑。当奥梅尔看到有人正在进行润色工作或是借着日光查看冲洗效果的时候，他会富有涵养地发问。不过布拉塞仍旧不信任他。显然，他从政治办公室过来的片刻休息根本不是随意的行为。德国军官正在观察并注意每一个细节。虽然他看起来一副心不在焉的样子，但是他好像在寻找证明他某些推断的证据。这小组一派祥和的氛围无疑让他感到厌恶。

"不是吗？请您回答，您懂德语，而且您讲得也很好。"

"我服从命令，上尉先生，我们的上级军官会给我们分配恰当的任务。"

奥梅尔身体僵硬了起来，但仍显得彬彬有礼。

"不，布拉塞先生，别和我绕圈子。我觉得，是您在最大限度地利用别人，不管您现在身处何方。不过请您不要担心，我召唤您不是为了责难您。相反，我叫您来是想告诉您，我们认为您所具有的权威性是您身上不可或缺的一种品质。"

布拉塞依旧一脸严肃，但是他的大脑已经开始运转：这是什么意思？他们要给他升职？

德国人向他露出一个巨大的笑容,他热情地看着他,仿佛正在提前品味他接下来要讲的话将带来的效果。

"请告诉我,布拉塞先生。如果我们让您离开,您会做什么?您不想见一见您的母亲和兄弟吗?"

这个魔鬼,关于他的家庭,他知道些什么?

"我……希望他们一切都好。"

"我也是这样希望,布拉塞先生。但是您可以亲自确认这件事。您对此不感兴趣吗?"

回家!他的心开始怦怦直跳。但是他立刻意识到,这不会让他好受一点儿。他知道那些他灵魂选择回避的事情是什么,离开只意味着一种可能性。

奥梅尔把文件递给他,那是由德意志人口办公室总管理部门签发的。

"您知道这甚至可以马上发生。请您签字,认同您自己属于德意志民族,我就可以向您保证,在正式进入国防军编制以前,您可以在日维兹度过两周的假期,就在您自己家。您的母亲一定会很高兴的,您认为呢?"

布拉塞沉默不语,他感到尴尬。

军官叹了口气，但仍然保持冷静。

"快点儿，布拉塞先生。您是德国人，我们都很清楚这一点。您固执地声称自己是波兰人，这已经让您被关押了三年多。在这段时间里，您发挥了巨大的作用，我不得不承认这一点，事实上您已经在为我们的事业服务了。但是我们不能忽视您的身份，我们也是为此才发动了战争：因为每一个种族都肩负着上帝委托的使命。您的父亲和祖父就是德国人，您拒绝自己的德国人身份，就是在拒绝一个基本的真理。而我不能允许每天让德国最优秀的儿子们在前线和布尔什维克党人不断作战，他们也是您父亲对抗过的敌人，而您却待在这里暖和地拍照。"

接下来是一段长久的寂静。布拉塞无法思考别的事情，但是他应该要讲点什么。

"先生……"

"别和我说德语，布拉塞！别和我说德语，如果您不想为您的人民服务！"

奥梅尔起身，费力压抑自己的怒火。

"您的母亲是波兰人，确实是这样。但是您不觉得您的母亲一定很高兴再次看到您？"

党卫队军官不停地谈论他的母亲，好像他认识她似的，这让布拉塞感到恼火。但是他不能为此冲昏了头脑。

"我之所以在这里，上尉先生，是因为我试图从波兰逃跑，那时我没有听从我的母亲。她希望我可以留在那儿做事。我并不是一个优秀的儿子，是这样……也许她是第一个不希望我改变主意的人……"

现在军官就在他的身后，他正在考虑应该做什么，布拉塞仿佛听见了他在背后咬牙切齿的声音。当他重新开始说话的时候，他甚至感觉松了一口气。

"为了利用您的才华，我们必须说服您加入我们，而不是通过强迫的方式。这个我明白。我们现在已经离胜利不远了，军队需要最强的力量。您依旧可以脱颖而出，布拉塞，您可以开创一番事业。在这里，您知道，您唯一能取得的成功就是生存下来，直到有一天我们可能会认为您活得太久了。您还想继续这样活着？"

他点点头。

奥梅尔坐回去，他重新看着他，好像面对一个不解的谜团。

"请您看着我。"

他服从了。

在德国人的眼睛里，有一种钢铁一般的意志、一种绝对的坚决。这一刻，他甚至想用自己所有的力量来捕获这眼神。这很有趣，将会构成一张绝妙的照片。

"您做的这些究竟有什么用呢，布拉塞先生？您紧紧依附于波兰民族，您这是在冒死，为此我也对您十分欣赏。但是您的这种固执最后能带来什么呢？您为我们服务，您工作得很好。您帮助我们记录下日常工作，帮助我们储存回忆。现在您可以做更多，请快点儿改写您的命运！"

布拉塞忍受着这位军官的目光。尽管他自以为无所不能，但是他却不能读心。改变命运，这正是他这几个星期正在思考的事情。

"我会考虑的，上尉先生。但是现在请您让我回去继续工作，就像您说的，我可以奉献自己，我也愿意继续奉献。"

此刻，军官怒火中烧。布拉塞集中精神，不让自己的恐惧流露出来。只一句话，他在夜晚到来之前就可能死去。

"其他波兰人，特别是像您这样的西里西亚人都同意了，您知道吗？现在他们都成了自由身，他们穿上了党卫队的军装，他们无比自豪。"

"是的，我知道。"

"这让您很痛苦?"

"不,我尊重他们的选择。"

他知道那些接受招募,甚至加入了特种部队的波兰人,没几个星期前的一天早晨,四位年轻的士兵来到 26 栋,他像往常那样用完美的德语和他们讲话。

"我可以为你们做些什么?"

其中一个用拙劣的德语回答他,这让他震惊。

"我不是很明白……你们说什么语?你是波兰人吗?我们来讲波兰语。"

是的,他们是波兰人,而他们是党卫队士兵。

他不能沉默不语。

"这……你们从波兰哪里过来的?"

他因此得知,他们四个是塔特拉山的登山运动员。他们都是从扎克帕内附近地区来的。最有文化的那个很自豪地告诉布拉塞他们是怎么到达奥斯维辛的。

"我们镇在斯洛伐克边境,但是德国人把我们看成自己人,因为我们是加里西亚的一部分。你知道,古代的加里西亚王国是奥地利帝国北部的一个省。总之,一切都很好,他们就像对待自己人那样对待我们。"

"你们是自发要入伍的吗?"

"我是的。"

"我并不想,但是我能怎么办?"

他们内心很平静,相反,他们认为自己很幸运,这看得出来。布拉塞问自己:他们已经杀过人了吗?他们折磨过什么人吗?他们拒绝给同胞一块面包或是讲几句安慰的话吗?他们已经欺骗了某个波兰儿童,或者犹太人、吉卜塞人,来搪塞关于近在咫尺的毒气室的事实了吗?

但现在他不能想他们的事情,他们天真无邪和自感幸运的笑容让他的心头弥漫起悲伤,他们以为自己已经站在胜利者那一边。他不明白他的同胞怎么可以就这样屈从,但是他知道他自己也是集中营里的一个有特权的人,因此他没有资格去评判他们。

奥梅尔催促着他。

"您真的尊重他们吗?不,布拉塞先生。您用您的拒绝诅咒了他们。您这样的态度我们是无法容忍的。您已经碰到这些加入我们队伍的波兰人了,对吗?您已经给他们拍过证件照了,不是吗?"

"是的。"

"那您已经和他们交谈过了。"

"是的。"

"您是不是尝试去说服他们打消念头?您有没有用您的反对让他们感到心情沉重?"

"并没有,上尉先生。如果您不相信的话,您大可去盘问他们。关于他们的决定,我没有表达过任何个人观点。是他们,我想说,是他们觉得我做了一个错误的决定。"

德国人放松下来。他在想下一步该怎么做。布拉塞试图躲开下一次进攻。他已经决定了,没什么好再说的了。从遥远的1940年的那一天起,他的意志就没有改变过,那天仍是自由身的他拒绝在承认归属德国民族的文件上签字。就像那个时候一样,现在他们还是可以对他为所欲为。他感到筋疲力尽,他不想继续走钢丝,费力保持平衡。他想要离开这个充满不确定的环境:如果他得死,那么他想马上去死。

"我可以走了吗?"

他自己都被他急迫的口吻给惊讶到了,他提问的语气十分突兀。那人愤怒地盯着他。

"当然,布拉塞先生,您可以走了。但是从这一刻起,您已经

▲ 斯坦芬尼·斯提比勒，1942年被关入奥斯维辛集中营。她的编号是7602，身上带有 "Pol:" "J" 标记，意为 "南斯拉夫政治犯"。她当时担任集中营办公室职员，在抵抗运动中扮演了重要的角色。（该照片来自奥斯维辛博物馆，由威廉·布拉塞拍摄。）

▲
一位于1942年1月被关入奥斯维辛集中营的女囚。她的编号是25562，身上带有 "Pol:H" 标记，意为 "荷兰政治犯"。（该照片来自奥斯维辛博物馆，由威廉·布拉塞拍摄。）

身处危险之中，您必须意识到这一点。我还有同事正保护着您，但是对我来说，您就是一个叛徒，早晚您会承受这后果。您明白了吗？"

"是的，先生，我明白了。"

"请您走吧，赶紧走，在我改变主意之前。"

布拉塞行礼，朝门的方向往后退了一步。

"最后一件事情，布拉塞。"

"先生，什么事？"

"瓦尔特上士和他的下属霍夫曼从我这里刚刚接受了关于您工作的新指示。我想向您指出，是由我来决定他们对你的态度。"

"是的，先生。"

他双腿颤抖着走到外面。他任凭2月早晨冰冷的阳光照射在脸上，他的肺深深吸入寒意十足的空气。太阳的位置很低，亮得晃眼，而他却把脸转向那光辉。随后他挺挺胸，感觉自己是一个人。太阳可能在向他宣布他生命里的最后一个春天，而他的身体却固执地告诉太阳，不管怎样，这都是一个慰藉，因为到目前为止，他毕竟成功挨过了在奥斯维辛的第四个冬天，他仍旧坚定自己从属于祖国波兰，他坚持自己这唯一的英雄主义行为。他朝26栋走去，脑袋里想的都是母亲，渐渐地，他将这些思绪推入内心深处紧闭的一个角落里。

在工作室里,霍夫曼正等着他。

"布拉塞,从今天起,你们不用再给波兰囚犯照相了。没必要为这些屎浪费材料。"

布拉塞没有回答,试图冒犯他的意图实在是太明显了。在他制服的三角形上,还绣了一个字母P,霍夫曼不可能忘记了他的来处,或者忘记他冒死却充满骄傲地要保全的身份。

"就像我们停止拍摄犹太人那样,现在我们也不再拍波兰人。从今天起,你们只需要拍摄德国人、斯洛伐克人和斯洛文尼亚人,因为他们的政府和德意志帝国政府有合作。都听清楚了吗?"

很清楚,自从他们停止拍摄犹太人,这些新来到集中营的犹太人会被直接送往毒气室,这决断比之前要快得多,他知道这个事实。

"有什么问题吗?"

霍夫曼是想看见他为自己的同胞辩解吗?还是想看见自己为只拥有半个波兰血统而感到欣慰?

"没有,霍夫曼,我明白了。"

他把任何想法都留给自己。他的回忆现在变得无边无际,这行李变得越来越沉重。

2

自从成为囚犯以来,布拉塞就不再往镜子里看自己了。只有一段时间,那个时候他要准备见芭士卡,那个时候她还在集中营里。现在,他不再这样做了。哪怕是窗户的反光他也避免去看,他不想看见自己面容的倒影,不想看见岁月和恐惧留下的痕迹。

但是,就算他可以摆脱自己外在的形象,每当他看着自己冲洗的照片中的脸的时候,他越发觉得看见了自己的内心。每一张在他眼前固定下来的图像都在召唤他入伍。他内心继续煎熬,这种状态反映出他灵魂的面容、他多愁善感的状态。

有一天晚上,他独自一人待在工作室里,查看一张照片的细节,照片里是巨大的一堆赤裸的尸体,它们正被火焰吞噬着。有一百具吗?不,他们这样瘦,数量一定不止这些。他的目光扫过这令人发指的景象,看着那种细节,他感到自己的心脏依旧跳动着,鲜活而敏感,大脑却不是这样。他总是要控制好它,但是它依旧未经许可便把一切看到的、想到的都储存在一个隐蔽的房间里,一旦他松懈防备,这些东西就会将他占据。例如有时候,他会在黎明时分错误地在号响之前的几分钟里醒来。布拉塞看着照片里的火,他问自己,有一天他是不是也会是这样的结局。于是，就像平常那样，他越是问自己，越会开始想象：他看见自己赤裸、冰冷地躺在那里。他已经死去了，正在等待火焰带给他最后的温暖，随后他将被永远地从这个世界上抹除。

照片记录着这堆在阳光下直接被点燃的尸体，因为焚尸炉已经不够用了，那照片是瓦尔特和霍夫曼拍摄的，它将进入他们的私人收藏簿。但是他已经看见过这些照片了，因为几天前，他偷偷冲洗了其他有着相同内容的照片，那些是由无辜的手拍摄的，而不是出自他上级嗜血的癖好。那是17栋的几名囚犯和梅杰斯劳共谋拍摄的，他的那个在焚尸场工作的朋友，曾经告诉他他舅舅的死亡。他们想要记录下这恐怖的事实，梅杰斯劳让他在身份识别小组工作的朋友知道，他们需要一台便携式照相机，好从他们楼房的窗户往外记录下这火堆。

这是一次危险的行动，但是他们做得对。布拉塞和其他同伴很乐意帮忙，但是他们却不能冒太大的风险。现在这些照片，按照囚犯的想法，将从集中营被寄往全世界。

不管怎样，在奥斯维辛，仍旧有那些坚持下来的人，他们并不只是为了谋求生存。

布拉塞将照片放进瓦尔特要求的一个文件夹里，上面写着"机密"，然后他把后背靠在椅子上，伸直腿，愣愣地看着前方。

他叹气，是的，他很累，他感觉自己老了。更重要的是，在为党卫队长年累月的服务中，他感到自己也受到了影响。但是他仍旧活着，他希望自己可以继续活下去。但他继续最初的决定，苦苦地坚持抵抗真的有意思吗？他的母亲想要看见他，这是当然，还有他的兄弟以及其他人。他是不是应该再考虑一下？他已经尽力了：他捍卫了自己波兰人的身份，他招募了一些同胞加入身份识别小组，挽救了几条人命，他避免了一些极端的情况；他和别人分享多余的食物，他也充满人性地对待那些囚犯。他应该做得更多吗？他应该这样去做吗？一边是尽可能多地减少痛苦，另一边是斗争，为取得胜利做出贡献。这一切有意义吗？他是否已经将那些视为己出的"同事"置于险境了？

在这些日子里，他不停地想着两位英雄，两位勇敢的波兰人，他们是在集中营里认识的，后来他们分别于去年10月和11月在行刑墙前被处决。他们是打了败仗的两支队伍的军官，是有一定分量的政治犯，德国人试图和他们合作，但是他们捍卫了自己的誓言，他们没有选择保存自己的皮囊，而是将抵抗坚持到底。他们向外透风，帮助那些囚犯对自己的真正身份撒谎，他们去援助那些最虚弱的家伙、那些可能被选中处死的人，他们甚至说服同伴给那些弱者省出几口面包。布拉塞记得他们：他们正直、伟大。当他们来到26栋拍照、留档的时候，他知道了他们的名字：特费利·德齐亚玛上校和塔德兹·利索沃斯基上尉。后者留了一个假的姓氏，在26栋的时候也是，这一点是后来才被发现的。他真正的姓是保罗内。

布拉塞敬仰他们，他发自内心地为他们所取得的小小胜利而感到高兴。后来听到他们被迅速处决的消息时，他哭了，他没有让任何人知道。更让他心寒的，是他们如何被发现的：在集中营里，在他们中间有一个给党卫队通风报信的人。他是另一个波兰人，他的名字叫斯蒂芬·奥品斯基。所有人都知道这件事。在25栋，他有一间小小的独立房间，他和他的"同事"睡在那里，他们还可以定时得到党卫队队员专享的美味食物。就是他举报了那两位英雄军官，天知道在那些年里，他究竟还举报了多少人。

他重新打开文件夹，他看着照片上的那个火堆，所有无辜的生命都葬送于此。死亡，这就是所有集中营的囚犯不可避免的命运吗？不管他做好事还是坏事，也将是这样的命运吗？

最后甚至连奥品斯基也死了。

几个月前,在1943年年底,他得了斑疹伤寒,最后他和鲁斯基落得同样的下场,他得了发热红疹的传染病之后医生只是随他自生自灭。这一次,是由20栋的波兰医生负责他的诊治,但是他们只是假装给他看病:因为奥品斯基和鲁斯基不同,德国人认为他还是有价值的。而他这一背叛者最后死了,正是因为波兰人的这些"充满关切"的治疗……

布拉塞认为,这也是一种抵抗。

但是最后的报表并不振奋人心:在"死亡工厂"里,英雄和叛徒一同死去,这些抵抗根本无法放慢其运作的节奏。外面的世界也是如此,任何游击队看起来都没有能力切断通往奥斯维辛的火车线路,德国人依旧不为所动地实现着他们的计划。

例如最近几周,有了新的消息:意大利囚犯的数量上升了,这真是令人惊讶。尽管他们被自己的盟友抛弃,但是德国人看起来好像比之前更强壮了,他们在谈论这一变动的时候,瓦尔特的军官朋友们都说,他们有自信能够独立打赢战争。

总之,这些刚冲洗好的照片夺走了布拉塞的一切希望。这成堆的被火吞噬的尸体只是见证着日益加快的杀人节奏。他们杀死越来越多的囚犯,而囚犯依旧成千上万地运过来。也许德国人并没有像他们预想的那样快速地夺取战争的胜利，但是种族灭绝行动却没有受到丝毫影响，这是一个重要的目标，为此他们正在投入更多的资源。

布拉塞听见棚营的门被打开的声音，便合上文件夹。他不想评论这些照片，他只需要交差就足够了，就算瓦尔特直接问他的观点，他也将闭口不言。

但来者却不是瓦尔特。

"布拉塞！过来！"

是爱德克，他那个割了包皮的同伴，每次他洗澡的时候都在冒死，他看起来正被某种思绪折磨着。现在是熄灯的时候，所有人都应该在棚营里睡觉。但是通常情况下，当他为了完成某个特殊任务而留在工作室里加班的时候，没有人会来叫他。

"我来了，我好了。"

爱德克两眼湿润地看着他，他好像发烧了。

"怎么了？"

"你没听见吗？"

"没有。"

"刚才爆炸了,我们都听得很清楚。塔德克认为,这一定是美国或英国空军的轰炸。"

"在哪儿?"

"在布纳-瓦克地区。这很有意思不是吗?他们正在轰炸工厂。那里是用来生产军用橡胶……"

他们一同出去,在自己棚营和隔壁棚营之间找到了一个稍亮的地方,听着外面的声音。现在是深夜,夜空漆黑而静谧。一开始他们什么声音也没听见,后来从远处传来一声轰鸣,像什么东西重重地砸在地上。他们甚至感觉大地都轻微地震动起来。

"听见了吗?听见了吗?"

爱德克很兴奋,而布拉塞依旧很谨慎。

"闭嘴!你想让我们被发现吗?"

他们继续听。现在他们好像还听见了空中飞机的轰隆声。但是这也很可能是一种幻觉。

"在布纳有很多囚犯在那里工作,"布拉塞评论道,"还有从英国战场上抓来的战俘。他们晚上也工作。你想要美国人或英国人轰炸自己的同伴吗?"

"我不知道。或许他们可以提前告诉他们和那些病人……"

这时候，他们在更近的地方听见了更为剧烈的爆炸声。他们甚至在外面的田地里直接看到了火光，不，没有那么远。

这一次是布拉塞激动了起来。

"是德国防空部队！他们正向敌机开炮呢！"

"防空部队？"

"是的，他们告诉我，德国人正在集中营附近安装防空炮。我以前不相信，但是你听：他们开炮了！"

"他们也可能炸到我们……"爱德克忧心忡忡地说。

他们很有可能这样做，布拉塞想。他不得不承认，如果这么多年过去之后，他最后死在同盟国军队的手中，这简直是命运的一次残酷的嘲弄。

他们听见巡逻队走近了，赶紧躲到25栋里面，躲到一片漆黑之中。里面其他人都躺下了，但是他们根本没有睡着。他们小声低语着，评论着那些新情况，个个充满了希望。

"这不是他们第一次来了，"梅什科夫斯基肯定地说，"相反，如果有可能，他们更愿意白天轰炸。这样轰炸就更加准确……"

其他同伴无法相信这新的事实，他们批评梅什科夫斯基过于轻信外面流传的消息，这所谓的集中营的防御抵抗只是为了增加囚犯的信心。听见"抵抗"二字,布拉塞想起了爱德克打断他之前的那些攫住了他的回忆。他心中的希望突然重新升起,四年多来,日复一日,他只是在不断地压抑它,好不让自己活在憧憬之中,好不让自己发疯。

梅什科夫斯基这时打击着同伴的疑惑。

"你们还不明白吗?德国人装上防空装置就是因为现在他们害怕了。战争进行了快五年,最后同盟军变得这样强大,他们正在轰炸那些德国人占领的地区。这是一个明确的信号,这说明形势对纳粹不利。现在苏联人也开始反击,他们正在接近我们的国界,这个我很肯定。"

一片沉默。在黑暗中可以察觉到同伴咬牙切齿的声音。那是一场秘密的对抗希望的斗争。

"我们需要了解更多情况。"布拉塞高声说道。他这样讲,仿佛这是命令,是一个明确的解决方案,就好像他正在组织一场意义非凡的行动。

但是第二天早晨,他们根本不需要努力,消息自己就过来了。瓦尔特进入工作室,通知他们,这显然是出于义务。而他容光焕发。

"很好,昨天深夜,美国人对布纳-瓦克地区进行了轰炸,他们想让我们害怕。你们什么也没听见吗？"

布拉塞决定消除别人的尴尬，他选择了最谨慎的回答方式。

"那个时候我们都累了，我们睡得很沉，上士先生。我听见了什么，但是我以为是暴风雨。"

德国人定睛瞧着布拉塞，他的表情就好像每次他怀疑布拉塞正在糊弄他的时候那样。但是这个消息他必须告诉他们，这显然比那疑心更为重要、更为振奋人心。

"嗯，总之，简单来说，集中营周围的防空堡垒成功地把他们拦在奥斯维辛和比克瑙之外。但是这些愚蠢的家伙攻击了工厂，这样一来他们杀死了三十多个英国战俘。"

26栋的囚犯快速互相瞅了一眼，试图不被发现。这是真的吗？

瓦尔特轻松读出了他们的思想。

"很快你们就会确认我跟你们说的事情都是真的，别害怕。我们知道，在集中营里总会流传一些消息，我们也知道是谁可以从外面得到消息，这些人很快就会被我们消灭，就像之前的那些。但是这次你们最好认清真相，你们特别要意识到敌人的这个错误将会带来什么结果。"

布罗德卡和梅什科夫斯基听着，没有任何想法，而布拉塞却已经明白了一切。

瓦尔特昂首挺胸，他非常乐意解释这件事情。

"我们的军队指挥官很快会让敌方指挥官得到此次他们飞机轰炸致死的人员名单，都是自己人。他们也会让消息突破军事机密的屏障，传到美国和大不列颠。这样，这些屠夫就会好好反省，和我们的防空装置、和堰堤作对，最后只会杀死自己的同胞！"

布拉塞表示同意，但一言不发。瓦尔特对此并不满意。

"您觉得呢，布拉塞，难道我说得不对？"

"我认为……是这样的，先生。"

"就是这样，你们要相信我的话。因此请你们把这话传开，你们中没有一个人会因为敌人的轰炸而得到拯救。你们越早打消这种幻想越好。"

瓦尔特说完就和他们告别，他比之前进来的时候感觉更加愉悦。他的权力将他们置于己下，他享受着这场景。而在瓦尔特离开后，他们并不敢去看彼此，因为他们不想看见每个人脸上都挂着的同样的苦涩和绝望。

3

一张一美元。布拉塞小心翼翼地把它放在工作桌上,并确保它舒展开,在桌上固定不动,然后在上面放了一块干净的玻璃板。随后把镜头对准它,并让镜片和玻璃板平行。两盏台灯的光完美地照亮了这一珍贵的长方形纸片,乔治·华盛顿正用他尊贵的表情看着摄影师,他是这辈子完成了一项崇高使命的正直的人。

瓦尔特给出了明确指示,他需要拍摄一张和纸币一模一样的副本,并且拍出每一个细节。然后使用他崭新的放映仪投放纸币正反两面的幻灯片,就在工作室里昨天刚安装好的屏幕上。这张照片要被放得非常大,而这将是身份识别小组的新成员的任务。他们小组仍然叫这个名字,他们继续完成囚犯和士兵的人像拍摄工作,但是在这一情况下,他们显然要完成一项与平日不同的任务。他们不用拍摄人像,他们只需要复制一样东西。

布拉塞专心致志地完成工作,他努力不让自己被纷繁的思绪干扰。

这项工作的任何一个细节都是绝对保密的。只有布拉塞和梅什科夫斯基牵涉其中,还有那个新来的犹太人,单单这一事实就足以说明这项任务非同一般。

"这是里昂·哈斯先生,"瓦尔特向他们介绍,"他是一位绘画和图像设计专家,从今天起他会加入我们小组。请你们把所有的器材设备都给他看,并配合他工作,这项工作你们不能和任何囚犯讲,也不能和集中营的其他职员说,除了我。没有人可以去打扰他,就你们两个尽力配合他。任何疑问请你们直接来找我。都清楚了吗?"

那个跟着瓦尔特进来的人正一动不动地站在他们中间,他大概有四十岁,看起来就像是一位和蔼的学校老师。布拉塞和梅什科夫斯基知道,他手臂上的编号意味着他才刚刚来到集中营,但是他的脸上和身体上却带着长久苦难的记号。

"我从泰雷津集中营来。"这个人解释说。而他不想再说别的,仿佛只要听见这个名字就可以直接明白它所代表的无法言说的折磨,而两个波兰人却是第一次听说它。

布拉塞意识到哈斯期待这次搬迁可以给自己带来更好的生活条件。事实上,瓦尔特把这么重要的一项秘密任务分配给一个犹太人来完成,这看起来确实可以实现这种期待。因此他不想用过多思虑让这位"新同事"感到不安。

"我们应该做什么?"

这个男人立刻显露出他强大的能力。他们明白,德国人想从他身上得到的才能,是他经过长期的训练才拥有的。

"我会画出和美国纸币一模一样的副本。而你们拍摄它们,我们一起处理底片。通过这些我们可以获得用来印刷相同纸币的模板。总之,这是用来制造假钞的。"

梅什科夫斯基没听明白。

"他们要做什么?"

这个男人为梅什科夫斯基的单纯笑了一下。

"他们期望在美国发行大量假币,好制造混乱,或者是更加糟糕的事情……"

"总之,是一项战争行动。"布拉塞总结道。

"是的,战争行动。"

他们再没有交换其他评论。这个工作就是他们生存下去的筹码,就是这样。当布拉塞拍摄纸币的时候,一个念头正在折磨他:说到底,他是站在他们那一边帮忙战斗的。当然,是用他的武器。不管怎样……

"还好吗?"

哈斯在任务领袖的位置上做得很好。一天天过去,他的脸色在食物和休息的滋养下变得更加健康,他的背也挺起来了,头发洗得干干净净并往后梳得很整齐。

他享受着这意料之外的好日子,对于关押他的人来说,他希望自己是不可或缺的。

"很好,"年轻的布拉塞回答道,"今天晚上你就可以开始画了。"

照片刚放大完,哈斯就开始工作了。

他对于布拉塞的复制工作感到十分满意:每一个细节都清晰可见,而且图像各部分的比例都是正确的。布拉塞避免了镜头下的任何倾斜,因为这将在照片放大时带来严重的扭曲变形。

布拉塞好奇地观察着工作中的哈斯。哈斯把纸币六等分,把每一部分都画在一张大纸上。这需要很多时间。然后布拉塞拍下六张画,再把它们缩小成原来纸币的大小。每个部分的幻灯片都会被投到装在工作室里的白如珍珠的屏幕上,哈斯所画的每一个细节都将和真正的美元纸币进行比较。在仔细检查之后,如果细节都吻合的话,哈斯就会让这画通过。如果他发现了哪怕是最小的不合或者是不准确的地方,他都会重新画,直到他彻底满意。这样的话,布拉塞也要重新拍照。

就这样过去了五天,哈斯画画,布拉塞拍照并放映图像,哈斯随后进行对比察看，找出错误，然后回去重画，布拉塞再拍一次。在这期间，26栋的访客极少，除了瓦尔特或者其他政治办公室的军官。其他和布拉塞一起在身份识别小组工作的囚犯都免除在此项工作之外。

最后，所有人都认为这幅画十分完美了。这项任务对布拉塞也有好处，因为显然这时候那些上级军官已经把他看成"同事"了，他们时常向他送上友好的关心。

瓦尔特命令他为印刷模板准备好底片。他们不能在那里制造模板，因此他们将底片送到了奥斯维辛市的一个专为集中营上级服务的实验室里。两位从华沙来的波兰囚犯被单独分开，他们是印刷专家，他们将负责模板制作和接下来的印刷工作，后者将在另一个实验室里进行。根据布拉塞的底片，他们生产了三个必要模板：黑色的、绿色的和红色的。瓦尔特为布拉塞和哈斯吹嘘，因为党卫队甚至成功找来了专门用来生产钱币的纸张，没人能把它们和真的纸币区分开。事实上，初期的几次试验印刷已经制作出了完美的假钞。布拉塞收到了十张，然后给它们拍照。接着重新把它们投放到屏幕上，哈斯在整个德国军官小组面前再次完成谨慎的检查。

完美！党卫队为这项工作的成功举杯庆祝，他们极尽赞美犹太画师和布拉塞为"我们的"美元而完成的工作。瓦尔特甚至跑过去握住犹太画师的手,用他的方式向犹太画师表示自己对其才华的巨大欣赏。

"说你们犹太人什么都行,但不能不说你们是钱方面的专家!"

哈斯没有回答。

如果布拉塞没理解错的话,在接下来的几天里,假钞会被最大批量地印刷,但是他们对此再没有了消息。

两周以后,哈斯接到命令,他要准备出发了。他要去萨克森豪森了。

"我要去画英镑了。"哈斯语气平淡地对布拉塞说,他就是一个雇工,完成一个又一个的任务,"希望那里也有一个像你一样优秀的摄影师。"

布拉塞没有评论,他根本想不出能够阻止这些行为的办法。哈斯也没有办法,他只想生存下去,他的技能正在帮助他实现这一目标。这也是布拉塞多年来一直在做的事情。

"战争会结束吗?"布拉塞问哈斯,"我们可以渡过难关吗?"

哈斯耸了耸肩。

"正如你所见,德国人正在使浑身解数……"然后他突然露出一个狡猾的表情,"我只知道,为了得到完美的英镑,我们需要大量的工作,比我们在这里做的要多得多。那可是复杂得多的纸币,你明白吗?"

布拉塞微笑,表示同意。是的,更加复杂的钱币,需要日复一日,不,应该是一周接着一周地工作。这一切所赢来的,都是对抗死神的时间。

与此同时,布拉塞仍在想,在这工作室里度过的几周里,有一样东西曾经安慰了他:如何让抵抗势力知道德国人正在为取得战争胜利而做出的努力,当然他也为此出了力。

哈斯走了。身份识别小组的生活又恢复了从前的样子:他们给来自欧洲各地的斯洛伐克囚犯、斯洛文尼亚囚犯和新来的政治犯拍照,后者都是抵抗者,德国人小心谨慎地给他们做记录。布拉塞和他们简单交谈几句,他发现他们只是平民,被逮是因为报复,或者因为他们和那些在地下参与抵抗纳粹运动的人是亲属或朋友关系。

有一天,瓦尔特和两位囚监一起走进工作室,这两位囚监是犯了罪而被关押起来的德国人。

▼ 各提列布·瓦格内,他的编号为17850,身上带有"Aso"标记,意为"反社会分子"。(该照片来自奥斯维辛博物馆,由威廉·布拉塞拍摄。)

"这两位先生将要被释放。我们要给他们准备一份用来参加特殊任务的文件。"瓦尔特无比严肃地说,他压低了声音,这足以强调出他接下来要说的事情的严重性,"那个,布拉塞……我相信您的谨慎,接下来的几周我还会送来其他志愿者。您把他们肖像的底片交给我,不要跟任何人说他们从集中营出发的事情。我需要和美元任务一样级别的秘密性,您明白吗?"

布拉塞没有提问,关于这些将被放出去的囚犯的特殊任务,瓦尔特也没有再说什么。

不过,他们其中的一个并不懂得该如何闭嘴。他们以为别人听不懂他们在讲什么,就用德语进行交谈,甚至还有人公开在26栋囚犯面前吹嘘接下来他将完成的任务。

"我们要去杀抵抗的那些家伙,波兰人、恶心的犹太人。就像去年那些来自华沙的家伙,他们起义了,杀死了好几个党卫队士兵和笨拙的乌克兰人。不过后来他们都死了,像老鼠一样被弄死了。德国人对每家每户使用火焰投射器,往地窖里扔令人窒息的毒气,往楼房底楼的地板上倒汽油,然后点火。那些能活下来的往外面跑,屁股上着了火。德国人把他们都驱逐出境,他们早就被吓得半死。这里也抓来了成千上万的抵抗者,不过他们再没那么傲了……"

这是属于胜利者的发言,他对自己信心满满。他们谈论着这些事情,心潮澎湃,因为很快他们也可以亲自尝试。有人说他之所以被选中是因为他的波兰语讲得很好,他就可以在普通人中间收集信息。他说波兰人都是蠢驴,很好骗。有人甚至还提到了自己上级的名字。

"我们要去泽刘斯基将军的特殊部队。"

"什么名字啊!是一个波兰人吗?"

"不,是德国人。我记得他完整的名字应该是冯·德·巴赫-泽刘斯基。"

"啊,他一定是个贵族……"

"是不是贵族不重要,只要能让我从这里出去就行。只要他们给我吃的,还有好使的武器,他们想让我杀死多少游击队员,我就去杀。"

"那是当然,还有毒气弹,不是吗?"

他们笑着,来回搓着手,感觉很满意,仿佛刚完成了一桩好生意。

有人来到工作室的时候已经穿上了便衣,披着运动外套,还戴着猎人帽。这可能就是他们临时的制服,或者说只是为了拍照才穿上的,这样能更好地表明他们从属于那支秘密的军队。布拉塞神情威严，他如平时一样井井有条地工作着，装作一个字也没听懂的样子。当他请求新客人保持姿势不动的时候，他故意装得讲话很费力，而且发音很糟糕。

一天天过去，布拉塞会把照片和底片交给瓦尔特和霍夫曼，但他在脑子里记住了那些被记录存档的志愿者的名字。

如果他可以制作照片副本，那么他一定会好好保存，可惜他只知道这些人的名字和对他们外貌的描述。不过至少这些信息要让人知道。

布拉塞通过不多的几个囚犯接触到了杜尼科沃斯基，他是为德国人工作的艺术家、画家和雕刻家，他利用囚犯的信任秘密地组织他们。

但是他的希望被辜负了。

"杜尼科沃斯基？别提了，他们把他逮捕了。他被关在11栋里，他们要把他活活饿死，因为他们很生气，觉得自己遭到了背叛。'杜尼科沃斯基享有一切特权。'他们这样说，但是他却欺骗了他们。我们不可能在不被发现的情况下把食物和水带给他。如果他能坚持到胜利的那一天，那一定是奇迹。"

跟布拉塞说这些的，是一位不愿意透露姓名的囚犯，他还把自己手臂上的编号藏得好好的。

布拉塞自言自语道:"胜利?什么胜利?"

那个人生气了。

"你在说什么?"

"你刚才说……"

"我什么也没说。你滚回到你的位置上,别再想什么杜尼科沃斯基了,就当他死了,行了吗?"

"但是我想帮助你们。"

"没有什么是你可以做的,你帮不了我们。对你来说,我们就是不存在的。如果我有需要,我会来找你。你在26栋有多余的食物,是吗?"

布拉塞说:"是,我还有一些关于党卫队对抗抵抗势力和同盟军的秘密行动的重要消息……"

他认真地看着布拉塞,感觉对方正在打量自己。

"再说吧,"囚犯总结道,"你先待着,我得向朋友问问你的情况。"

随后囚犯离开了他,没有打招呼就走远了。

布拉塞回到自己的棚营,他问自己,这样做是不是太鲁莽。他想透露假美元的行动和德国人要对抗那些抵抗势力的刺客进行的秘密招募行动，而且他们还问他要食物！他又想囚犯的秘密组织不可能这样第一次就轻易相信他。他因为工作和党卫队联系紧密，他拍摄军官，帮他们印放照片，他从他们那里接受了很多年的好处，这就是原因。对于大多数囚犯而言，这是想都不敢想的特权，而且他们要不断地从事繁重的劳动，不断面临被选中处死的危险。

布拉塞走进工作室。"有斯洛伐克囚犯要拍摄。"

布罗德卡一如既往、毫无迟疑地继续工作着。

布拉塞也开始完成他的职责，就像四年里的每一天一样。他没有和任何同伴谈论他的那些尝试，这太危险了。也许这是没有用的，他还是继续生存下去为妙。

4

囚监马尔兹虽然恨他们，总找机会让他们难受，但是他从不打他们，因为这是被禁止的，而有一天，他突然消失了。

他们又等了几天，才去打听消息，因为他们知道不要流露出自己对新鲜事物的兴趣。布拉塞以为，他可能也被招募进秘密行动小组了。但是布罗德卡有一个完全不同的理论。

"他一定和所有人谈论了他的梦想。"

梅什科夫斯基无法相信这一点。

"你这样觉得?不!马尔兹确实疯狂、危险,但是他在集中营里待了五年,他知道要闭嘴。"

"或者……你看见他失踪了。他对于自己看见的东西感到异常兴奋,感觉自己身上背负着一个特殊的使命:通报德国命运的先知!他就是神派来的使者,他是来给纳粹党人开眼的,只要他们还活着!"

"够了!"布拉塞像平时一样不想冒险。在这个夏天的头两个星期,他格外努力,好让别人不要注意 26 栋。他的神经紧绷着,经不起刺激。

"布拉塞,你瞧你,我们在开玩笑呢!"

"没关系。如果马尔兹真的做了这个梦,还到处讲的话,那么他真的疯了。但是我们不要再谈论这件事情,拜托了。"

事实上,马尔兹囚监最后一次和他们在一起的时候,他看起来处于精神崩溃的边缘,他让所有人都陷入尴尬。

"布拉塞,你不会相信的!还有你,布罗德卡,听我说……"

当马尔兹心情大好的时候,他带来的消息总是糟透了。他们一直有事情做,根本没兴趣在集中营里乱转打听消息,而囚监却喜欢看新来的囚犯、参加那越来越仓促的囚犯筛选、跑到行刑现场。而且他也很享受给26栋的那群兔子讲故事,好欣赏自己给他们带来的影响。他总是和布拉塞过不去,他希望能激怒他,好让他反击,让他说一些危险的话,这样一来上级就会给他颜色瞧瞧。他密切注意着波兰人布拉塞,布拉塞也很害怕马尔兹的怀疑和对自己的控制,他害怕自己和一些错误的人合作,而这些天所取得的初步成果将被人发现。

"好,你们无法想象昨天晚上我梦见了什么。现在那一切仍历历在目……"

囚犯们准备好要去听,他们装作毫不在意的样子。但是接下来,他们很难继续保持漠不关心。

"我看见战争结束了,德国打了败仗。周围都是带刺的铁丝网,站在网后面的人,好像待在集中营里。"

他看看所有人,所有人的表情都是古怪的。爱德克一开始比别人都有兴致,但是这时候他好像突然想起了一桩紧急的工作要去完成。

"听我说,听啊!"

没办法,得让他讲完。马尔兹至少还知道讲话的时候要放低音量。

"带刺的铁丝网后面有希特勒、希姆莱和所有其他人!我看得清清楚楚,我亲眼看见的!你们怎么想?"

没有人想要评论。布拉塞看着囚监制服上缝的三角形,他是一个政治家,所有人都知道他在战争开始以前就被抓了起来,因为他是共产党。看起来,他遥远的专制敌人身份正在重新苏醒。或者他只是想表明自己面对改变已经准备就绪。他在撒谎吗?他在演戏好煽动他们吗?对于一个共产党人来说,向外面讲这些事情可是很危险的。

但是马尔兹好像真的丢掉了一切谨慎。

"所以呢?这不神奇吗?"

布拉塞不得不相信面前这显而易见的情况:马尔兹并没有在实行什么处心积虑的计划,例如在他们身上引起热情然后去举报他们,或者声称自己决定和集中营的抵抗势力合作,也有可能他在怀疑布拉塞是否有什么可疑的联络。不,他是真的受到了震动,他甚至为做的这个梦兴奋不已,就好像他接受了天启。

布拉塞环顾四周，就像通常那样，所有人都等待他带领大家摆脱这尴尬的境地。

"马尔兹囚监……我相信您说的一切……但是那只是一个梦。"

"历史，布拉塞！我在这里住了这么多年，我从来没有遇到过这样的事情！我看见了，你明白吗？他们低着头，他们很绝望！他们害怕！"

布拉塞觉得此刻需要让他镇静下来，因为瓦尔特或者霍夫曼随时都可能进来。

"好的，马尔兹囚监，我们听懂了。"

"哎，你们什么都没懂！你们什么也不知道！你们在这里，就像老鼠一样被关着。他们开始大清洗来毁灭证据的时候，他们会找到你们，然后把你们都杀掉。结束了，你们懂吗？都结束了！"

布拉塞站起来，问："我可以继续工作了吗？"

其他人没等他回答都直接走开了。

马尔兹把脸凑到布拉塞那里，他可以感受到他的呼吸。马尔兹一身酒气，他喝了不少。但是那德国人的眼睛里有另一种毒——混合着愤怒和喜悦的疯癫。

"你就这样往前走吧，布拉塞。"他嘶嘶地说。现在他怒火中烧，布拉塞害怕被打。但是他继续着他不着边际的思考。"你继续走,我们看看我们俩谁能活下来。"

当他出去的时候,没有人评论刚刚发生的事情。他们装作什么也没有发生,半个多小时的时间里,他们甚至避免交谈。

而现在马尔兹不见了。

他们等了几天,以为他一定会再次出现,但是他们没有再看见他。他们却在一张被枪决的囚犯名单上看见了他的名字,那些人的尸体已经被火化了。

布拉塞没有沉默,一有机会他就去问霍夫曼,他装作不知道这处决的事情。

"霍夫曼先生,您有弗朗茨·马尔兹的消息吗?"

军官笑了。

"马尔兹囚监不会再来了。"

布拉塞有教养地等待着其他细节。霍夫曼装作无视他,但是看得出来他还有话要说,而且他想要说出来。

"怎么了,布拉塞?您想知道别的?"

"不,先生,我们……"

"我们说,他是到另一个地方去做梦了。这个解释够了吗?"

▲

斯坦斯劳·瓦夏（1906—1941），1941年8月被关入奥斯维辛集中营。他的编号是20107，身上带有"PPole"标记，意为"波兰政治犯"。他曾是一名教师。他于1941年11月11日被杀害，那一天恰好是波兰独立日纪念日，他和另外150名囚犯在11栋后面的处决墙前被枪决。（该照片来自奥斯维辛博物馆，由威廉·布拉塞拍摄。）

▼ 雷奥·以沙列·沃捷保（1904—1942），1942年7月被关入奥斯维辛集中营。他的编号为52332，身上带有"Jude"标记，意为"犹太人"。（该照片来自奥斯维辛博物馆，由威廉·布拉塞拍摄。）

"够了。"

不过随后他们绞尽脑汁,讨论着他究竟和谁讲了这个梦。

布罗德卡骄傲地保证自己和棚营的其他伙伴的清白。

"相信我,布拉塞!我们没人讲这个事,什么好处也捞不到。"

这是对的。那么会是谁?

华利兹尼亚克向一位朋友打听消息,他可以和一位认识的囚监讲话。当他知道真相的时候,他马上告诉了其他人,他们听着,比之前听马尔兹讲述他的梦的时候还要难以置信。

"这已经是集中营里的一个传说了。所有囚监都在谈论,而囚犯却听不懂。只有我们知道真相,看起来是这样。"

"究竟发生了什么呢?"

"马尔兹跑去和一个集中营的政治委员讲述他的梦,此人恰巧厌恶共产党。天知道,他可能清醒了,和我们讲完以后他就后悔了,这样一来他就自己跑去检举揭发自己。也许他想在流言传开之前先让这一切显得难以置信……"

"如果是这样,他可以和我们说啊。我们和马尔兹相处得还不错,我们没有兴趣举报他并把他弄掉,因为我们并不知道下一个囚监会是谁。"

布罗德卡说得对。因此他们无法理解。

"他们就这么不信任我们吗?"

布拉塞不得不承认。

"是的,就是这样。不管他揭露自己做的梦的真实原因是什么,他压根没想过要和我们商量。他恨我们,他一直恨我们,因此他害怕我们。就是这样。"

马尔兹的事情就这样结束了。他们起身,重新开始工作。他们知道他们再也不会谈论这件事。

布拉塞放松地叹了一口气。囚监曾经盯得他很紧,早晚有一天他将成为一个威胁。

那天,他难以入睡,他似乎看到了马尔兹的眼睛,他的眼神中有难以控制的疯狂。而这又是一种希望,在长久压抑之下逼人发疯的希望。尽管所有的力量都用来压抑这个希望,但是在集中营里等待的气氛却日益高涨,一个像马尔兹这样的人真的会发疯。

他应该感谢自己敌人的疯狂,这将他自己从危险局面解放出来。因此他依旧拥有好运。而他决定去挑战它,不再回头。这是勇气吗?是他的勇气,还是疯狂?

他想活下去,就像之前那样。但是他不想单纯地活着,他想做些好事情。而这意味着他必须准备好面对死亡的风险。现在一切快要结束了。

因此，他才把美元行动的消息和出去对抗起义者的人员名单都透露给了抵抗势力。现在他做了这件事情，他再也不疑惑了。他现在很好，这才是最重要的。他还活着，他终于真正地活着，他对荒唐和恐怖奋力反抗。

这时候他脑海中突然出现了一条回忆，不知道是从什么地方冒出来的。

那是春天，1941年的？是的，三年多以前。已经过去了一个世纪，是的。或许不过是在日历上翻了几页罢了，每一页都和其他的没有什么不同，每个季节他都可以看见那冗长枯燥的死亡故事，在千篇一律的工作中，它们失去了声音，从他的意识中推离出去。

奥斯维辛的春天总是一个样。但是此刻，他躺在黑暗之中，他听见旁边华利兹尼亚克的许久未闻的鼾声，布拉塞记得那个春天，他从26栋的窗户往外看，看见了十二个穿着圣方济各会教袍的修士，他们排成一队，他们还没被逼迫换上囚服。突然，他回忆起久远时代中曾见过的一番景象：一排在和平的寺庙里行走的队伍。

修士们被带入身份识别小组。他按照命令，需要给他们如常拍摄三张照片。十二个男人听从布拉塞的命令，平和而自制。他和所有"同事"对他们产生了一种自然而生的尊重，哪怕是那些从来没有拥有过虔诚信仰的人。当他拍照的时候，他问自己，他们这些上帝的仆人该如何在集中营的地狱里生活，一旦他们脱下教袍，他们是否还会保持镇定。

特拉卡如常准备着人像照片里的姓名牌，但是这次不知道为什么，党卫队没有事先准备好一张完整的名单，还要求囚犯自己向身份识别小组汇报各自的姓名。也许他们担心修士把之前的名字掩藏起来，使用后来的名字。

其中一个人看起来是他们的老大：在回答问题之前，其他人都充满信任地看着他，特别是更年轻的那些。当轮到他的时候，布拉塞听见他用一种相当坚定的语气和特拉卡说话。

"我是科尔比神父，"他说，"马克西米连·拉蒙德·科尔比是我的名字。"

这时，布拉塞突然想起来，这个名字他早就听说过。那是一段童年的回忆。这位修士曾在一本给儿童看的《圣方济各》杂志上发表文章"受孕圣母的小骑士"。其他同学经常来他们教区，他们是虔诚的基督徒，这篇文章在他们当中风行一时，布拉塞小时候也读过。

科尔比神父坐在转椅上。布拉塞对他微笑,神父也对他报以微笑,并用疲惫、悲伤的眼神看着他。面对这突如其来的微笑,布拉塞的眼睛里闪过一丝善意与关切。

最后他代表所有人表达感谢。布拉塞感到很遗憾,没能和他说上两句话。

第三天,他们就脱下衣服,换上了囚服,他们被派去收集和运送尸体。之后,布拉塞再也没有见过他们。

后来,8月的一个早晨,布拉塞看见了修士的所作所为。

两天前,一个囚犯逃走了。当时集中营的领袖弗雷兹立刻下令开展报复行动:如果在二十四小时以内逃跑的囚犯没有现身或者被抓住,那么就要从他所在的14栋里拉出十个同伴,把他们饿死。囚犯没有再次出现,因此在点名的时候,弗雷兹就实现了他的威胁,开始挑选不幸的人。布拉塞和其他人一样也在场,他打起精神站在那里听,看得清清楚楚。

弗雷兹缓慢地在这些不幸的人面前踱步,他们排着队,等待大难临头。偶尔他会停下来。

"你,走出来。"他眼也不眨地说。被选中的人就这样走了出来,没人知道他是怎么踏出那一步的,然后他就待在那里,依旧在所有人面前站得笔直。

头儿继续走,他又叫了一个囚犯。

这糟透了。被叫出来的囚犯没一个讲话的,也没有人在颤抖或者因为巨大的恐惧而倒在地上。也许他们仍旧抱有希望,希望在这最后时刻党卫队军官可以改变主意。

接下来有事情发生了。弗雷兹又选了一个囚犯,而那个家伙开始大叫起来。

"我的天,不!我有妻子和儿子!不!"

那喊声撕心裂肺。布拉塞马上以为军官会用暴力让那男人闭嘴,因为他竟敢这样在军官的仪式上捣乱。不过紧跟着又发生了一件事。一个来自14栋的囚犯没被点就自己走了出来。他甚至在未经允许的情况下靠近领袖,用德语坚定有力地说了一句话,而且所有人都听得见。

"请您允许我代替他。我是一个老人,我没有家人。"

布拉塞像所有人一样盯着这个敢直面上级的男人,他正是科尔比神父。

所有人都知道党卫队不能容忍这种私下团结一致的行为,但是令人意想不到的事情发生了。那个被选中的囚犯跪下，开始绝望地哭泣。弗雷兹用他所拥有的一切憎恶看着科尔比神父，问他叫什么名字、从哪里来。

没有人听见他的回答，但是领袖听从了他，他命令下达之后十个倒霉鬼就立刻被带走了，他留下了那个哭泣的囚犯，带走了科尔比神父。他们走远了，那些护送十个囚犯的党卫队士兵看着科尔比神父，嘲弄地笑着，科尔比神父穿着肮脏的囚服，放在人群中难以辨认。

接下来发生的事情在集中营里流传开来。科尔比神父死在13栋，他被饿了整整十天。后来他们给他打了一针致命毒剂后就死去了。

有人评论了这轰动一时的英雄行为。

现在三年过去了，有人曾说在奥斯维辛为了拯救同伴而牺牲自己只不过是让同伴多活几个星期而已，那个时候的布拉塞同意这个观点，而现在他在舒适的26栋里，他对此深感羞愧，无法入睡。

这话毕竟也有道理。

这么多年过去了。天知道科尔比神父拯救的囚犯是否还在世。而科尔比神父早已化作尘土，飞散在风中。同时，德国人也关停了他为孩子开办的杂志社。他们甚至有可能烧掉了他的修道院，或者是把其用作它途。

布拉塞转过身,试着让自己睡着。他的脑子里那份回忆十分鲜活——那毫不犹豫就将自己献身的义举。这回忆在夜晚折磨着他,与此同时也在安慰着他,鼓励他继续前行。他想着自己把那些消息告诉了抵抗势力,自己做的是对的,因此现在他应该睡觉。

5

布拉塞在印好的照片上发现了几处瑕疵,那是瓦尔特和霍夫曼拍摄的刚刚到达斜坡的火车照片。就像预料中的那样,他们两个对于结果并不满意,他便说服他们,如果在外面放置一个三脚架配合使用,效果会好得多。布拉塞说,有了一个支点以后,移动中囚犯的影像就会显得更加固定,而他也就不用再删除那些看起来太过随意的、在急忙中拍摄的糟糕照片。

瓦尔特认真地听他说着,每当布拉塞提出专业性意见的时候,他都这样。德国人非常重视他收藏的照片,它们记录了那些刚从火车上下来的囚犯、经过筛选留下的囚犯,还有那些被拆散的家庭,孩子们哭着抓住绝望的母亲的裙子,女人们看着丈夫远去,她们更不知道的是,她们是第一批被送往毒气室的人,而且是马上。

两位头儿对于这条建议感到十分满意,布拉塞第二天将三脚架给他们送到比克瑙,因为他们说想要拍摄那些被送去工作的女人:这证明集中营依然不受影响地高效运作着。德国人也觉得这看起来是个好主意,而他向他们保证这一定不是一件麻烦事。

"明天一切都会准备好。只要你们允许,我们可以把三脚架搬到任何地方。然后当你们拍完了,我们就过来拿,或者我们让集中营运输部的人来搬。"

瓦尔特没有任何怀疑,他已经习惯了他这位最专业、最热心的下属心甘情愿地和他合作。

晚上稍晚的时候,布拉塞留在实验室里,他声称他要完成某些放大照片和冲洗的工作。他打开门,来了一个他不认识的囚犯。

"晚上好,我是尤利克。"

这家伙没再说别的。他把手臂上的编号藏得好好的。布拉塞明白尤利克并不是他真实的姓名,但只有这样他才能放心前来,否则如果对方是敌人,那么他的命运就已经确定,而且后果将不堪设想。

囚犯背了一个沉甸甸的军用背包。

"我来了,"他把背包里的东西放在工作桌上,说,"是你负责把这家伙带到比克瑙吗?"

"你们当中的某一个替我们背过去,"布拉塞回答道,"但是要把它装在属于这栋楼的一个盒子里。"

随后布拉塞拿出三脚架的盒子,给他的访客打开看,里面是空的。

尤利克观察了一下内部,点头同意。

"可以,德国人不会检查里面的东西吗?"

"不,我们会把它封印起来,上面贴上标签,声称这是给瓦尔特上士的身份识别小组的器材。没有人敢打开它,除非收货的是那些女人,而你们要通知她们。至于如何把三脚架本身送过去,我们已经想好了。当东西安全到达以后,箱子将一直留在那里,然后把三脚架装进去送回我们楼里。这可行吗?"

尤利克感到很满意。

"是的,没问题。党卫队和囚监不敢插手政治办公室的事情。所有人都知道瓦尔特会在集中营里四处拍照。"

他们开始工作。他们把装满粉末和白色药片的小袋子放进盒子里。布拉塞没有多问。他以为他们要送食物到比克瑙,因为那里囚犯们的饥饿程度已经到了令人难以忍受的地步。不过并非如此。

尤利克察觉到了布拉塞的惊讶。

"走私药品,"他解释说,"我们试着帮助那些生了病的人,现在德国人不再照看她们,也不再让她们回去工作。"

布拉塞内心的那份敬意油然而生。因此那不是以某种方式从集中营的厨房弄来的东西,而是从外面来的,是有价值的东西。这需要那些自由的居民冒着生命危险共同谋划、出钱出力,好拯救里面的那些囚犯。

他想知道其他事情,但是眼下的准备工作只花了几分钟,随后尤利克就要走了。

他们互相握手。

"谢谢,您给予了莫大的帮助。"

布拉塞没有回答,他不觉得自己是英雄。这是他可以做到的,而且他想要这么做,仅此而已。

黎明刚刚降临的时候,就有一个囚犯过来取封印好的箱子,准备出发去比克瑙。如果德国人要问里面是什么,那么他只需要回答说里面是身份识别小组的摄影工作所要求的一些器材。这么做确实有风险,但布拉塞明白集中营里的抵抗运动正在得到越来越多的支持。

一切顺利。晚上，他们在箱子里装好三脚架运回来，瓦尔特用它给女囚犯拍了照片，而布拉塞立刻开始冲洗照片，就此，结果非常完美。

这次秘密行动成功地鼓舞了他。他曾经提供制作假币和招募特殊军队的信息，从那以后，这是他第一次直接参与在集中营内部完成的行动，而且是他参与准备的一次行动！

接下来的几周里，给那些准备好出逃的囚犯准备假文件变成了一件越来越简单、安全的事情。

德国人成功招募了越来越多的志愿者来打击抵抗运动，那些德国籍的反社会分子、普通囚犯，同时也有波兰人，只要能够活命，他们就愿意通力合作。有消息渗透进来：有人说战争正在向集中营进发，很多人因此活在恐惧里，因为他们相信德国人不会就这样把奥斯维辛拱手让给敌人。但是越来越多的人尤其相信，不论事情将怎样进行，纳粹党人都不会终止种族清洗的活动。因此最好尽快将自己救出去，不管用什么借口。身份识别小组也开始加班加点地工作，因为想要入伍离开集中营的人越来越多。那些要出去的囚监和囚犯的秘密来访增多了好几倍，他们是来拍照的，他们将准备好一个党卫队的文件，但是他们的名字最终不会出现在任何官方名单里面。因此在这些要离开的人的丑陋嘴脸中混入一些对抵抗运动有用的人并不是一件难事，最后地下行动将会继续提供假文件，这些由布拉塞提供，他们就可以用这些掩人耳目地离开集中营。

这毫无疑问是一次十分有用的行动，而布拉塞和他的同伴也几乎不用冒什么风险。

到了某一时刻，他们甚至建议他也逃走，但不是抵抗运动的那些人建议他的：他现在对于他们来讲十分关键。

这提议是卡托维兹的一个朋友提出来的，他在战争开始前就认识布拉塞。一天早晨，他过来拍照，好加入国防军。他十分高兴，好像中了彩票。他穿着制服，看得出来，他已经感到自由生活的召唤。他们很快就认出了对方。

"威廉·布拉塞！我就知道你在！"

布拉塞有些尴尬。

"你好呀……你怎么样？"

"我怎么样？我要出去了，你说我怎么样。"

"你要和德国人一起斗争吗？"

他没有感到不快。

"我说我要出去，然后我总会想办法。"

是的，这确实有逻辑可寻。因此他继续说下去。

"你呢？你有病吗，你还待在这里？接下来冬天来的时候，苏联人就要来了，但是你不会活着看到他们到来的。德国人不会允许这种情况发生的，你懂吗？"

周围很寂静。

"你也行动起来！赶紧的！你也加入进来！你的父亲不是雅利安人吗？你快做点什么！"

布拉塞看着眼前的朋友，此人是由瓦尔特派来说服他成为德国人的最后尝试吗？

"好，就这样，不要动。"布拉塞继续着他的工作。

士兵只是在拍照的时候才闭上嘴。

"所以呢？快决定吧！我们可以一起出发呢，你说呢？"

布拉塞没有回答，而这位朋友表达了对他的羞愧之情，使他不敢看这位朋友的眼睛。

"不，谢谢。我是波兰人，我死也是波兰人。"

另一个还是没有气馁，他只是讲话的声音轻了一点儿。

"那就逃吧，布拉塞。弄一个假文件，装作要和我们一起逃走。逃吧，这你总想做吧，不是吗？"

▲ 奥古斯特·维特（1874—1942），1942年7月被关入奥斯维辛集中营。他的编号为54098，身上带有"Aso"标记，意为"反社会分子"。（该照片来自奥斯维辛博物馆，由威廉·布拉塞拍摄。）

▲
弗朗兹·斯洛考，1942年8月被关入奥斯维辛集中营。他的编号是57860，身上带有"Pol:S"标记，意为"斯洛文尼亚政治犯"。（该照片来自奥斯维辛博物馆，由威廉·布拉塞拍摄。）

关于这个,布拉塞却比同伴有着更明确的看法。

"我在日维兹有母亲和兄弟。我想,他们现在并没有动他们。但是去年夏天,厨房的那个家伙逃走的时候……你记得吗?"

"是的,我记得。他们没有再回来,不是吗?他们成功了。更何况是你呢,现在,你会有一个文件……"

"闭嘴,你什么也不知道!"布拉塞几乎愤怒地打断他,"两个月前,这里其中一个人的母亲死了,战争开始以前我就认识她。儿子是没有被抓回来,但是他们抓住了他的母亲,而她几乎没怎么反抗。我绝对不允许这样的事情发生在我的家庭,你明白吗?你也小心你的……"

朋友立马丧失了所有好心情。他以为一旦逃走,就可以利用时局找回自由,很明显他被这种幻想哄骗了。而当他从26栋走出去的时候,他的心情阴云密布。布拉塞并不喜欢做这种事的自己,但是他知道他做得对,说出真相是对的。现在所有人都需要他,他不能再说谎了。

最后的日子,或者说是末日审判的那一天,就要来了。

这次相见之后,至少从表面上看,布拉塞又恢复了正常的生活。

但是只要他还在集中营里,他就尽可能多地利用一切可能的机会来做一些有益的事情。

9月初,他成功地向集中营外面寄出关于被折磨的囚犯的照片。这就像是一个扔到海里的漂流瓶,有人会对此感兴趣吗?在外面,会不会有人可以为他们做些事情?有没人看见了这显而易见的讯息之后,便想方设法阻止或者至少放慢每天运新囚犯到这里来的火车的速度?

他不知道这些问题的答案,但他还是要做。摄影曾是拯救布拉塞的锚,现在可以是他的武器。

6

布拉塞感到肚子疼,显然他生病了,所有迹象表明他病得越来越严重。他从来没有这样过,但是现在他生病了。20栋的病人所拥有的那些好处可能没超过他们26栋所享有的特权,而身体虚弱和停止哪怕一天的工作也将意味着立刻进入待消灭的囚犯名单中。

但是那一天他都没办法站立起来,他的"同事"最先发现了这一点。

"你怎么了?"

特拉卡注意到了,他一直觉得布拉塞是一块大石头,从任何方面来看都是如此,而他从没想过他会承受折磨。

他看见这反应,感到很满意。

"我要马上去医生那里,我的小肠剧痛……"

正如所预料的,很快,瓦尔特就进来了,而布拉塞的"同事们"立刻汇报了他的情况。

"布拉塞先生很不好。"他们担心地说。

瓦尔特上士皱了皱眉,却温柔地对布拉塞说:"您怎么了?"

布拉塞从工作桌旁抬起头来。他坐在那里,脸上的表情显示出他要把工作完成到底的决心。

"我肚子痛,先生。可怕的剧痛……"

"您完成了我要求的工作了吗?"

瓦尔特把他的紧急要求放在第一位,放在囚犯的生命之前。

布拉塞用下巴指了指角落里放着的一个文件夹。瓦尔特打开它,检查了布拉塞为他加急准备的照片,他一直工作到深夜。那是一系列的传单,上面有爱国军指挥官的签字,这是祖国波兰抵抗运动最重要的一个组织。每张传单上的签名和符号都是真的,但是文字却是由党卫队写的。这些传单将给民众带来错误的信息：苏联军队被德国军重创；抵抗运动本身要求所有针对德方占领军的行动都停止，不要再等待利好的消息了；德国和苏联之间将要签署一份类似于1939年的协议。

瓦尔特感到很满意。就像以前那样，政治办公室的命令他们总能迅速、完美地执行。这些假传单的底片可以用来制作模板，他会尽快把这些底片寄到城里去，几天内就可以打印成千上万份，好发到城市的角角落落，这样就会给抵抗者的行动带来混乱，从而放慢他们的脚步。

布拉塞执行了命令，但是他意识到他的配合将会带来严重的后果。因此他把肚子收得紧紧的：他在裤子里又装了其他复印的传单，他想赶紧让医生助理斯坦尼斯劳·克罗丁斯基插手此事，几个星期来他是布拉塞参与抵抗运动的联络人。

布拉塞挤出一阵呻吟。

瓦尔特看着他，是时候要照顾他这位可贵的合作者了。

"请别待在这里忍受，布拉塞。请您去20栋，让医生为您做点什么，就说是我送您去的。您自己可以吗？"

布拉塞并不着急起身，他一直把手压在肚子上。

"是的,瓦尔特先生,我可以的,只要您允许。"

"去吧,去吧。请您尽量中午前回来。这些许可文件您可以再拿几份。我只信任您。"

布拉塞点点头,他的脸上立刻露出担心,因为他突然要放下手头的工作。

当他来到 20 栋的时候,他立刻要求见克罗丁斯基医生。他们告诉他他不在:他和另一个医生到 14 栋进行紧急救诊去了。

他面前的德国医生着急地问道:"您哪里不舒服?有多长时间了?痛苦的频率是多少?"

布拉塞模棱两可地回答着,他试图减轻事态。他说之前来看病时克罗丁斯基医生的助手一直给他一种药,很有用,然后他后悔自己这样坚持:他不应该让别人过多注意这个波兰学生。

德国人医生有些不耐烦了。如果是普通囚犯,他早就一脚踹他走了,他才不会浪费这么多时间。但是他面前这个是政治办公室的工作人员,在这种紧急情况下,他要体现自己的价值。因此医生没有拒绝他。

"忘了克罗丁斯基吧,我也可以帮助您。请您把衣服脱下,躺在这里,"医生给他指了指一张铺着脏兮兮床单的小床,"为了搞清楚痛苦是否由什么东西引起的，我必须仔细按压您的腹部。"

布拉塞的脸色瞬间发白。

"我……要脱衣服？"

"当然啦！怎么了？请您抓紧！"

周围还有另一位医生和护士，甚至还有几个把头转向他的病人。

"我……我……"布拉塞支支吾吾地说道，"……我从来没有……我不想……"

德国人有些愤怒。随后他的脸亮了起来，他突然明白了什么。他靠近布拉塞，低声对他说："您是犹太人，但是您从来没有对外宣称过，对吗？"

布拉塞坚定地点点头。

"是的，我求您了……瓦尔特先生把我看成是一个不可缺少的合作者，我在身份识别小组工作了四年。我一直完美执行命令……"

"没关系，我只是给您做一个简单的检查……"医生试着去安慰他。

不过他后退一步，大声叫喊，好让别人注意。

"其他人呢？我们不能私下在一起，医生先生！"布拉塞说着，向后退了一步，走向出口。

医生环顾四周，别人好奇的目光与其相碰。他再次转向布拉塞，而后者早已不见了踪影。

布拉塞出去了，他朝自己的楼房快速走去。他仍旧因为恐惧颤抖着。他可是抵抗运动小组的成员，他必须承认一些别的无关紧要的事实。他努力让自己镇静下来，好控制思绪。他不能马上返回到20栋，但是他必须待在附近，这样他就可以利用好向身份识别小组请病假的机会。他停了下来，这一点他可以做到，只要小心一些。

他又回到就诊楼，开始四下环顾，装作是一位在执行一个重要任务的囚犯。如果有囚监或是守卫盘问他，他可以说出自己的名字，然后解释自己之所以在那里是为了找一位医生看病。

布拉塞继续在那里行走，他盯着克罗丁斯基的那栋楼看，相信自己迟早要回来的。

那些男人只是轻瞄了他一眼，他们太累、太虚弱了，根本没兴趣盘问他。工作的队伍一排排走过，没人在意他。半个小时过去了，他意识到之前的活动节奏仿佛变慢了，就好像所有人都在等待新的指示一样，同时对于囚犯的监视和打压行动似乎也被暂停了。

这可能只是他的感觉，他对自己说。不管怎样，他不停地回头向后看，以确保自己没有被观察到。

终于，来自波兰的医生助手克罗丁斯基走向20栋。幸运的是，年轻人自己带了一个包。布拉塞慢慢让他注意到了自己，他总算找到了那个可以带他脱离窘境的男人，但是他没有流露出丝毫情绪。

克罗丁斯基看见了他，他立刻明白有新情况。但是他也没有突然加快脚步，或是改变方向。

他们装作是偶然相遇的。

"我有一些伪造的关于抵抗运动的传单。"布拉塞说，他始终按着肚子。

"伪造的传单？上面写了什么？"

"上面说，战争对德国人有利，特别是苏联人准备好再次和他们言和……"

克罗丁斯基笑得很自信。

"党卫队正在进行最后的反抗。我不知道谁会去相信这样大的一个谎言……"

"为什么？我不觉得没可能啊。"

布拉塞甚至有些生气，对方对此不以为然，而他却冒了巨大的风险。

克罗丁斯基严肃起来，他四下看看，没有发现任何危险。于是他走向布拉塞,把包放在地上,掀起制服夹克的一角,开始按压他的腹部,就好像是进行一次临时的就诊。同时,他看着周围,继续说:"结束了,布拉塞。在德国人和苏联人之间不可能有任何的协议。苏联人继续朝前走,他们正在赢得战争的胜利,很快他们就要来到这里,不过是几周后的事情。我们不会在这里再度过一个冬天了,他们会提前把我们转移走。不过苏联人不会停下来,他们甚至可以到达柏林,到这个程度。因此,他们对合作没有任何兴趣,他们这次甚至想要重新拿下整个波兰。也许在德国人走后,我们应该和他们作战。当然,前提永远是我们能活下来……"

这些话语夹杂着事实和可能来自宣传的局势判断,让布拉塞疑惑不解、目瞪口呆。如果有人在那里经过,看见了他这个囚犯,他可能真的会觉得他身体不适。

瞬间,传单就滑进了放在地上的包里,克罗丁斯基立马合上它。最后克罗丁斯基站起来,拍了拍布拉塞的肩膀,和他告别。

"我会处理这些传单。谢谢,我们不会忘记这件事情的。如果德国人还印了其他的,请你试着让我得到它们。这些今晚之内就将被送出去,几天内就可以到达波兰。你的肚子没事。请注意不要在25栋得了消化不良症!"

他在开玩笑，布拉塞在他的眼神中发现了真诚的喜悦。

他们分开了。布拉塞的病完全好了，他走向工作室。

门口，瓦尔特正等着他，他穿着笔挺的制服，双手交叉放在胸前，他就像一个需要确保自己员工安然无恙的老板那样。还好布拉塞从远处就示意他已经没事了。

布拉塞看见瓦尔特满意的表情，此人依旧对自己高尚的使命深信不疑，他不可能去肯定克罗丁斯基所说的那些话。秋天已经过去一半，那人却这样直白地在说转移的事情，可能在几周之内、在冬天到来之前，他就可以结束监狱的日子了！这简直难以置信！

不过克罗丁斯基一直和外界有联系……

"都好吗？"

瓦尔特表现出关切的样子。

"很好。"布拉塞说。他几乎立刻警觉起来。他明白，在这么多年的工作之后，集中营已经成了他生命里的一部分。这念头突然启迪了他，瓦尔特准备好要给他下达新的命令了，而他也准备好要服从，因为他已经习惯这种模式了。这一点儿荒唐的安慰，成为他的落脚点，让他感到安心。别的他一无所知。这是他不敢奢望的未来，因为未来被否定了太长时间。

"我还有别的传单要准备。"瓦尔特对他说。显然这宣传武器对于德国人来说是一种对于即将到来的胜利的全新保障。他真的相信吗?未来怎么可能拥有呢?又一次,他无法认清现实和梦想之间的界限。

布拉塞冷得打了一个寒战,他赶紧走进去。

"我马上开始工作,上士先生。"

他一进去,寒冷就对他松开手。他知道,他不会放弃和抵抗势力的合作。但是,与此同时,他也准备好去迎接他在集中营的第五个冬天。

7

已经 12 月了,1944 年 12 月。也许抵抗运动的朋友们拥有足够的理由相信,战争很快就要结束了,苏联人马上就要来了,奥斯维辛在寒冬到来前就能被解放,他们三四个月以前就这样说。但是一个又一个星期过去了,日子如常,德国人依然显得很从容,仿佛他们还有时间。他们还有时间去杀死那些即将到来的犹太人和政治犯,有时间挑出那些专供医学实验的囚犯,例如双胞胎孩子或者有着双色眼睛的女孩，她们被关在专属于她们的地下营房……还有时间去杀死囚监长鲁道夫·福利梅尔——玛格丽特·费雷的年轻丈夫，他是一年前那场令人难以置信的庆祝活动上的主角，布拉塞给他们拍下了在集中营能得到的最好的结婚照片，它因此被永远留存下来。

布拉塞和鲁道夫成了朋友。这位来自奥地利的共产党人，向来是法西斯和希特勒的敌人，但是他在集中营里却得到了一个好位置，他也总是给别人带来好处，这一点是布拉塞想都不敢想的。鲁道夫总能给那些绝望的囚犯在他的维修电动工具的工厂里找到一个安全的位置。他也活跃地支持抵抗运动，他和外界是有联系的，布拉塞一直不知道他是怎样获得这些联系的。他告诉布拉塞，在奥斯维辛附近，有一些抵抗小队。

他把希望放在他们身上，他与一个奥地利人和一个波兰人一起尝试出逃。他没和布拉塞谈论他的这一意图，他认为布拉塞很可能会想办法说服他打消念头，可能会让他再耐心点儿，再等一段时间。一旦腾出空儿，集中营会尽可能多地下达消灭囚犯的命令，鲁道夫的帮助对于那些要逃走的德国人而言将显得尤为珍贵。他和其他绝望的人相比，更可能获得成功。他们处在死亡边缘——那些只有三十公斤重的人、那些再也没能从床板上起来的人，他们中有的人在活着的时候就被直接带走,他们只是因为饥饿和口渴而昏迷,但是却直接被扔进成堆的尸体或者关进焚尸炉里,就这么被活活烧死。

但是鲁道夫没能继续等下去。

他逃跑了,是他发现了一些其他人不知道的事情吗?是他已经知道德国人要轰炸集中营,留所有囚犯在内,然后把它点燃,或者用其他拥有巨大威力的武器来摧毁它吗?所有人都想知道这是不是真的,包括布拉塞在内。

这些是折磨人心的问题,而没人能够知道答案。

德国人在12月30日将鲁道夫枪决,还有一个奥地利人和一个波兰人。当时在场的人后来说,德国人开枪前,鲁道夫大声喊:"奥地利万岁!奥地利万岁!自由万岁!"

波兰人也喊了"波兰万岁"。

因此,临死时,鲁道夫想的是祖国,是自由,是全人类的未来。他没有想他的玛格丽特和儿子,或者这更为珍贵的念头被他藏在了心底。为了和他结婚,玛格丽特专门来到奥斯维辛,来到了集中营。哪怕那一天是节日,哪怕她的新郎和布拉塞都穿着自己的衣服,她也一定明白,她深爱的男人究竟被关进了一个怎样恐怖的地方。

他们在奥斯维辛缠绵了一夜。

现在,布拉塞知道,如果他能够侥幸活下来,那么他就可以成为一个见证人,他就能大声喊出:在奥斯维辛也有过爱。有爱的任何种形式:男人和女人之间的互相倾慕、为了拯救另一个囚犯而不惜牺牲自己的勇气、真切而忠诚的友谊,还有对祖国的热爱,对一个所有人都能拥有的更好的明天的等待。

轰动一时的出逃过后,26栋的"同事们"评论着鲁道夫的死亡,对此他们比往常要说得多。这是他们所认识的最正直勇敢的囚监,他们希望他好。虽然他们都没说,但是所有人都知道他的枪决可能是针对逃跑失败者进行的最后几次处决之一了。

他们当中有一个新来的,他叫布罗尼斯劳·尤雷塞克。他刚加入身份识别小组的时候可能以为自己终于像所希望的那样得救了,但是现在他发现,在集中营的地狱里,从来没有人能拥有真正的安全。

布拉塞感觉内心很煎熬。鲁道夫为了一个更美好的世界而战斗着,他甚至成功地让奥斯维辛的情况微微改善了一些。现在他死了,他遥远的儿子会过得更幸福吗?

布拉塞又去把鲁道夫的结婚照片和全家福拿了过来。他悄悄地看着照片上的三个人,盯了很久。玛格丽特微笑地看着小艾迪,鲁道夫也微笑着，而他却看着镜头，仿佛在给看照片的人加油。只有小艾迪没有笑，他忧心忡忡地看着集中营外的世界，他是一个大人无法成功哄骗的孩子，他是一个知道真相的无辜者。他的眼睛直直地看向外面，仿佛在说，就算在婚礼的那一天所有人都在庆祝，但是他仍旧准备好最糟糕的事情的发生。他的眼睛在说："他们要杀死我的爸爸，而妈妈将永远失去笑容。"

现在鲁道夫死了，这照片无可救药地带给人悲凉，无限的悲凉。

布拉塞那个时候就决定要保管好这张照片，他不能允许像鲁道夫这样本可以无视他人却选择帮助许多人的男人，就这样永远消失在世界上，就好像从来没有存在过那样。

小艾迪将会得到他好爸爸的照片。有一天他将看着这正直男人和蔼的笑容，随后从中找到对抗一切和对抗所有人的力量。

布拉塞抚摸着照片，检查底片是否完好。他把所有东西又重新放回到结实的文件夹里，然后把文件夹放到别的厚纸夹旁边，放在成千上万男男女女的照片旁边。

一切都取决于他。

"我准备好了。"他说。

现在只需要等待那个时刻的到来。

8

"这个也准备好了,上士先生。"

布拉塞按照命令把一个装满东西的笨重木盒交给军官,现在它被封印好了,没有人会质疑里面装了什么东西。布拉塞和尤雷塞克迅速交换了一下眼神,仍旧保持面无表情。其实他们将盒子里塞满了照片、底片和录制的影像胶卷,都是关于纳粹对苏联战俘开展灭绝行动的证据。这种文件大部分是送到集中营外面来冲洗的,但是就连拍摄了这些东西的瓦尔特自己也开始担心起来,他希望这一切罪恶的痕迹都将消失不见。很显然,德国人害怕苏联人的到来,他们会摧毁一切相关的证据。

布拉塞对此深感厌恶。他们的上级不关心那些犹太的、波兰的或者其他国家的囚犯的照片,以及几乎全部党卫队士兵的照片。至少目前为止他们还不担心。

他们的监狱看守看起来只害怕那些更为强悍的准赢家的报复。那些丧了命的百姓,从焚尸炉的烟囱里出去,最后消散在风中,这些他们漠不关心,也没有人会替这些百姓伸张正义。纳粹党将几百万生命视如草芥,看作是被上帝与人类抛弃的生物,纳粹这样对待他们，而自己却深信可以免受惩罚。他们仍旧这样做。

布拉塞和他的"同事们"在26栋守护的就是这些易被忘记的无辜人的照片。

瓦尔特没有要求检查盒子里面的内容，他已经盲目地相信他的下属。特别是这个已经忠诚地服务了他四年的波兰摄影师布拉塞。瓦尔特叫来两位党卫队的士兵负责抬走这个珍贵的盒子，他俩充满疑问地看着它。

"这个和政治办公室的其他材料一同运走。"

布拉塞在一旁装作正在完成日常的工作，同时竖起耳朵听他的材料会被寄到哪里，但是他的努力是徒劳的。

墙上挂着的日历表提醒大家，这一天是1945年1月15日。对于其他囚犯而言，这一天没什么新鲜事，如常的劳作、对于最虚弱者的屠杀，还有一如既往少得可怜的食物。但是对于身份识别小组的人来说，他们毫不怀疑，苏联人的到来已经临近。

他们近了，却不是马上，至少看起来是这样。

夜幕降临，召集令响起，他们出去。他们在寒冷的空气中排成一队，动动破鞋子里的脚指头好不让它们冻住。在场的党卫队士兵是这种局面的从容的控制者，在他们的注视下，所有人都说"到"。

他们刚接到命令而散开队伍的时候，布拉塞和其他人一样感到惊讶。发动机的隆隆声正在靠近广场。所有人都看向那里，布拉塞是第一个认出摩托车上的瓦尔特。囚犯们四散开让出位置，瓦尔特走向布拉塞。走近时，他停下，在冰上滑了一段，为了盖过那隆隆声，他不得不大声叫喊：

"布拉塞！伊凡要来了！"

布拉塞环顾四周，囚犯们害怕德国人随意找人出气，都快速逃开了，也就没人听见这句激动的话语。

不过瓦尔特的脑子里在想别的事情。他表现得惊恐万分，好像一队敌军已经冲进集中营了。

"把照片、文件都烧了！所有东西！所有！你快点去做！"

布拉塞惊讶地张开嘴。

一切就这样发生了，这么突然。

他的头儿不等他回答，就发动摩托车，绕过布拉塞，似乎要逃走。

就在瓦尔特经过布拉塞身边时，他在他耳边喊道：

"明天早上我回来的时候，我要看到所有东西都变成灰烬，你明白了吗？"

布拉塞点头,摩托车在黑暗和寒冷中飞走了。

有那么一会儿是安静的。最后那些囚犯消失在棚营后面,没了影踪。

只有尤雷塞克在几十米外的地方饶有兴趣地看着布拉塞。

布拉塞缓过神来,和同伴会合时,告诉同伴他刚刚接到的命令。

"走吧,"他说,"我们有事做了!"

他们跑到26栋,冲进屋子,开始清空柜子。他们飞快地往工作桌上扔一包包的胶卷和底片。

瓦尔特说都得烧掉。布拉塞看着那珍贵的炉子,它陪伴自己度过了这可怕的冬天。他打开炉子的小门,里面没有火,只有盖着零星烟灰的托架。现在是晚上,他们不会浪费木头,只有白天的时候他们才会点燃炉子。

布拉塞没有犹豫,好像瓦尔特正盯着他一样。但是他内心深处有一个声音,它已经准备了很久,现在终于要让自己发声,它控制了他变得困难的呼吸的节奏。就像一个定时炸弹的嘀嗒声,随着爆炸的临近将越跳越快。

这是完成他使命的最佳时刻。他没有准备任何计划,但是运气正在帮助他。

这时候,他知道自己该做什么。

"扔进去!"他命令道,"把所有的,都扔进去!"

他们把一包包的胶卷扔进火炉,一包,两包,三包……他们不停地扔。尤雷塞克执行着命令,同时瞪大眼睛看着布拉塞。

"等一下,布拉塞!太多了,一起烧太多了!而且没有火!我们要找到……汽油。我们向党卫队要,他们会给我们的。"

布拉塞充满决心地看着同伴。

"继续!我们只需要让他看见我们曾经努力执行过命令。继续!"

火炉里的胶片并没有燃烧,只是局部出现一些被热度烧黑的斑点,所有胶卷都沾上了灰。

"这材料不可燃!"尤雷塞克观察到。

也许他不知道,也许他忘记了。不过现在这可怜的家伙真的吓到了。

布拉塞不去管他,迅速瞟了一眼桌上成百上千张底片。男人、女人、惨死在医学实验中的女孩,还有穿着整齐制服、面容干净的党卫队军官。瞬间,他回忆起了一切:多年的监狱和工作生涯在他眼前重现。它们就在那里,在他的眼前。他意识到他可以讲述每一张照片背后的故事,而这给他注入了一种前所未有的能量。

"明天早晨我可能会死,"他说,"但是它们,不,它们不会!"

布拉塞立刻冲到火炉那,把之前不断扔进去的底片都拿了出来。

尤雷塞克惊恐地看着他。

"你在干什么?布拉塞,你在干什么?"

他朝同伴露出一个灿烂的笑容。

"你走吧,就现在。我自己来……是我接到的命令!"

他这样说的同时,用力往胶卷上吹气,并用手指扫去滚烫的灰。

"明天,我来回复瓦尔特,"他说完,试着让自己镇静下来,"你看见了吗?这些胶卷已经被烫出斑点。这混蛋只要动动脑子就会发现我什么都没有销毁,他也知道这些东西是点不着的。明天早晨他会消气的,他会想起来……"

但是尤雷塞克没有走开,他仍旧难以置信地看着他最富有经验的"同事"。他看着他用水把胶卷上的灰冲走,然后,他渐渐明白正在发生的一切,他也有些僵硬地去帮助布拉塞清理一切。当他们工作的时候,他们的心脏停止跳动了两次:一辆机动车从营房前经过,又一辆。车灯打进房间,但没有一辆车放慢速度。

显而易见,布拉塞正在把一切都放回原位。他们甚至开始重新打包。

尤雷塞克有了一个主意。

"不,不要这样!你听着,我们把照片散落在工作室的各个角落,把它们打乱,藏起来。如果我们不得不在匆忙中离开集中营,没有人会有时间去把它们一张张地找回来、收集起来!"

布拉塞感谢他,并会心地看着他。他也明白:尤雷塞克想要帮助他。他对此感到很高兴。那的确是一个好注意。

他们把底片、胶卷、冲洗出来的照片都散在四处:在桌子上面和底下、在家具后面、在他们一直隐藏食物和香烟的秘密角落里。他们营造出企图摧毁一切的假象,乱作一团,仿佛他们也曾进行了一番痛苦的斗争。

最后,一切都安静了下来,还有无处不在的恐惧。

"明天早上瓦尔特会往我们脑门上开一枪。"尤雷塞克说。他说的时候无比确信,好像正在宣布自己的死亡判决。

布拉塞却微笑着,他看起来平静而安详。

"不,明天早上这里只有我一个人。瓦尔特已经被吓坏了,如果他想出气,会冲我发火。不过他只能让我像今天晚上这样再尝试一次。至少照片被保存下来了,这才是最重要的,你明白了吗?照片一定要留到最后!"

他们锁好门,然后离开了。随后布拉塞又思考了一下,说:"我们可以把工作室关上,里面堵上椅子、家具、硬的档案夹。我可以说,苏联人已经在门口了,我以为这是唯一阻止他们进入我们营房的办法……结果却是瓦尔特再没时间可浪费了,他只好什么都不管,就让它这样。"

他们又回去,把所有出口都堵上。他们把工作室变成了一个密室,一切生者亡者的珍宝都被锁在里面,等待被人重新发现。

随后他们喘着气,出于急迫、寒冷和恐惧,走进了25栋。

其他人都用直直的眼神注视着他们,没有人可以入睡。

他们整晚都在谈论瓦尔特的命令,还有他的恐惧和急迫。时间缓慢地流过,仿佛永远没有尽头,人们不知道什么时候才能结束。他们从未感觉这样深陷囹圄。他们多次试图冒险到外面去,看看宵禁是否还有效。他们看见岗位上的德国守卫正如往常一样精神集中地站岗,他们不明白,为什么瓦尔特竟会这样畏惧。

他们焦急地等待着,好几次都跳起来,因为他们好像听见了隆隆声、枪击声,还有远处发动机的轰鸣声,至少他们以为自己听见了。是卡车吗?是摩托车?或者是飞机?

突然一声"开火"划破夜空，枪响，狗吠。有人忍受不了紧张的气氛，打算要跑。

随后又恢复了寂静。时间一分一秒地过去，已经过去几小时了，他们不再觉得早晨会来临。布拉塞被这等待和他所尝试的疯狂行动的念头折磨着，他甚至相信在他难以言喻的无限恐惧中，集中营的末日就要来了，世界末日就要来了。

最后灯亮了，起床号响了——年复一年、日复一日的号声。这一天，所有人都充满惊恐地听着它响起。

他们走出去，看着其他囚犯都走过去集合，谨慎地彼此打量。很少人睡着了。

他们也在召集令下排好队伍，然后布拉塞说服尤雷塞克和其他人在 25 栋等着，他独自一人走到身份识别小组办公室。他像每天早晨那样来到 26 栋，但是这次他没有进去，只是在入口的台阶上坐着。天很冷，但是他再也感觉不到。他已经准备好在这门前死去，门后封印着关于回忆的小小圣殿。

集中营骚动起来了，可以听见一些干巴巴的命令，那是某些囚监的吼声，他们在试图提醒囚犯奥斯维辛仍旧存在，可惜没有人相信那些逃走了的军官的话。

时间分秒流逝，瓦尔特或者他的下属霍夫曼都没有出现。

半小时过去了。布拉塞待在那里，大脑一片空白。他想象着瓦尔特到来时的场景，他气喘吁吁，也许身边还有其他党卫队士兵，他问他是不是销毁了一切，然后他要求进去，看见满屋子散落的照片和只有点点火斑的底片，暴跳如雷，掏出手枪……

布拉塞立马停止想象。某一刻他也终于意识到，有什么事情发生了，他再也不想那场景，而他自己最后什么也不会说。他不会回答任何问题，他不会低声说出任何道歉。他的沉默就是和世界的告别。"我会闭嘴，永远，上士先生，但是正是因为我，这成千上万张照片将永远说话！"

一个党卫队士兵经过，他一脸阴沉，好像在思考着什么。他没管布拉塞，也根本没看见他。

突然，苍白的太阳出来了。

布拉塞整个早晨都在等待。他好几次用手势示意从25栋角落里探出头来张望的"同事"回去。

瓦尔特没来，再也不会有人来了。

身份识别小组的工作结束了，也可能整个政治办公室的人都跑了。

正午过后，布拉塞起身回到他的"同事们"中间。他离开封锁了的办公室，和其他人一起等待接受新的命令。

他们再也没有走进那工作了好几年的地方。接下来的几天里，他们在一片叫喊和混乱中，在尖锐刺耳的威胁下，匆忙撤离。他就这样和别的囚犯混在一起，和那些仍旧能够行军的队伍一起。

他们是 21 日早晨出发的，穿过集中营的大门，他们离开了奥斯维辛，不知道会到哪里去。

布拉塞和别人一起往前走，他最后看了一眼 26 栋，它仍旧封锁着。

那是他告别的眼神，他希望苏联人可以善用他冒死保留下来的回忆，并让整个世界都看到。

他只带了一张照片——芭士卡的照片。

他们也许是朝着生活和自由走去，也许，他们正走向某个遥远的营地，就像芭士卡也在经历的那样。

尾声

"您去哪里?"

苏联士兵没有丝毫热情地执行着使命。德国投降了,但布拉塞不知道出于什么原因,他还是要时刻转身察看,看看普通人中是否隐藏着新的敌人。士兵伸出手,接过布拉塞的证件,这是例行检查。布拉塞刚从公交车上下来,这是战后重新开通的几条交通线路之一。

布拉塞的证件是由美国当权机构发放的,后来红十字会又发了一张。红十字会的证件上登记着他是1945年7月在卡托维兹出身的波兰市民,来自毛特豪森。

士兵仔细阅读着这个奥地利城镇的名字,随后抬眼,带着更多的敬意看着面前的这个人。毛特豪森是从那个时候开始,变成了世人瞩目的臭名昭著的纳粹集中营之一。

布拉塞很快就明白了士兵脑子里想的东西,他已经习惯了这一切。还好,他的文件上没有写奥斯维辛,不然他就要回答一连串充满好奇又难以置信的问题,来讲讲他作为囚犯却成功熬过一切的经历。

他没给对方多余的思考时间,很快回答了问题。

"我要去克拉科夫,应该是郊区吧,我认为。我要找一个人……"

他瞥了一眼士兵背后的城市。

"您在那里有亲戚？"士兵把证件还给布拉塞，他示意门口的同事让这位面前的市民上车。

"不，我的父母都在日维兹，我也住在那里。我是去看望一个人……一个我在战争中认识的人。"

"好的，您去吧。祝您好运。"

布拉塞热情地微笑着，接受了他的祝福。是的，他需要祝福。

只有通过检查的乘客，公交车才会把他带往克拉科夫的市中心。到达后，布拉塞下车走在城市的道路上，他享受着这座属于波兰历史名城之一的克拉科夫的壮观景象，在可怕的战火中，它竟然能被完整地保留下来，这大概是唯一的一处了。

如果他愿意，他可以急急忙忙地到达目的地。他知道这几周里，他在路上遇到的人都忧心忡忡、充满焦虑。他和其他人一样，来自一个重新回归正轨的民族，而周围的人对于外来人总是特别友好，甚至充满关心。他们为了寻找亲戚四下打听，或者是想要寻找自己原来的家，然后发现他们不幸的房子早就不复存在了，或者成了再也难以恢复的危房，更有可能被其他绝望的人洗劫一空。

但是他仍旧继续着他悠闲的步伐。他想到达终点，是的，但是他也有些害怕，不过他并不知道其中原因。

他的口袋里装有文件和他的母亲给的几个钱,还有一张写了地址的卡片和一张照片——芭士卡的照片。

克拉科夫离日维兹不远。卡片上的地址是芭士卡在集中营时告诉他的。他只希望她还活着,不管怎样他一获自由,就立刻冲到她的家里去。

他曾想象过千百次与她重逢的场景。那些日子里充满激动的情绪、意外的拥抱、释然的泪水,还有对未来的打算,但是现在只要一想到这些事情,他的灵魂就像要爆裂开一样。

正午时刻到了,他花了很少的钱买了一块黑面包和几片火腿,坐在一个很漂亮的公园的长椅上吃。此刻,他的胃口很好,周围的一切都是那么和平、安全和文明。但是紧张的情绪还是占据了他的胃,他正在等待一次相遇,他再也不能拖延、退缩了。

他把最后一块面包塞进嘴里,又把面包屑喂给鸽子吃。三个月前,这一切都是不敢奢望的:变得这样富有,下一顿一定有的吃,还有剩余食物喂鸟。

"好了,"他说,"我该走了。"

他起身,鼓起勇气,开始四下打听他手中的那个地址。

一小时后,他来到一座简朴却完好的房子前,它位于市郊的街区里。他小心地靠近大门。门前有三级石阶,绿色的大门需要好好粉刷一次了。

旁边写了好几个名字。他的心猛地跳了一下,当然也有提托尼亚克家的名字。芭士卡是斯坦芬斯卡的简称,他是知道的,他也知道斯坦芬斯卡是她告诉监狱看守的名字,她真正的名字是安娜。因此,她的全名是安娜·斯坦芬斯卡。现在,如果她还活着,他应该这样称呼她吗?

他不想这些,他什么也不想。

他敲门,等待,然后又用力地敲。他觉得他制造了很多噪音,整个街区的人都听见了。不过他意识到那只是他的想法,人们继续走着,看都不看他。

他继续敲。

他听见了脚步声。

门开了,她出现了。

"布拉塞!"

她叫出了他的名字,然后立刻把手放在嘴上,瞪大了双眼。她很惊讶。不,应该说,她受到了惊吓。

布拉塞不确定地微笑着,他心爱的芭士卡的样貌和反应让他心酸。她骨瘦如柴,面容苍白,身上穿着一件褪了色的旧衣服,她把头发扎了起来,马尾都没到肩膀,还出现了白头发。没错,她是芭士卡,但距离他们最后一次见面,好像已经过了很多很多年。

"我可以……?"

她说"是",她让他进来,当他们面对面站着的时候,她有些畏惧地看着他。他继续笑着,试着说些什么。但是她低下头,带他经过一条狭窄而黑暗的走廊。

她让他坐在一间干净却光线不足的小客厅里,那可能是整个房子里最整齐的一间屋子了。布拉塞感到这寂静有一种不现实感。

没有别人吗?她是一个人吗?

他没有勇气问她问题。他继续看着她,试图微笑,但是她身上有些东西,让他丧失勇气。

芭士卡在椅子上坐下,但是她只坐在椅子边上,直着脊背。她仍旧用一种畏惧的眼神看着他,她抓了抓头发,试图把它们藏起来,而不是去捋直它们。

"你怎么来了?"她小声说。

这是一个正确的问题,或许是错误的。布拉塞马上明白了,一瞬间他看见了她的心底。他飞快地问自己,有可能用言语来解释一些事情吗？他们活着，是的，他们活着，就可以见面。他一拥有机会，就来找她……

他让自己都觉得惊讶的是，他竟然用另一个问题来回答她，好像和之前那样迷茫。

"你说呢？"

芭士卡紧张了起来，问道："你为什么过来？"

他应该站起来拥抱她？但他不知道该做什么，他只知道他没法解释他的行为和情绪。芭士卡在那里一动不动、一言不发，继续盯着他，仿佛站在一个很遥远的地方。

布拉塞叹了一口气。他把手伸进夹克的口袋，取出照片交给她。

"我想给你这个。"

他曾以为，亲手将爱情的证明交给这位心爱的女孩算是一次表白，他鲜活的回忆里充满了温情，是这些美好的回忆带领他走过那些恐怖的日子，最后活了下来。但是当他说出那些话并完成那个动作的时候，当照片在屋子里从一只手交到另一只手上的时候，他感觉自己掉入了一个深渊。他内心深处有一个声音强有力地向他呼喊："不，你弄错了一切。"她活着，是的，但是他正重新带给她死亡、恐惧……还有，那照片……

太迟了。

芭士卡接过照片,盯着看。许久,她什么也没说,时间好像停止了。

然后她把它撕掉,撕成两片、四片、一百片,并让它们掉在地上。

"我不喜欢这照片。"她说。她不是为自己的行为道歉,她说的是真相,仅此而已。

然后她安静下来,面无表情地看着布拉塞。

布拉塞也低下了头,不得不看着他回忆的碎片,它们散落在打扫得十分干净的老地毯上。

稍晚的时候,布拉塞一个人飞快地走在他美丽的出生地的街道上,他想起了他的舅舅——那位在那里被杀死的可怜的舅舅——曾经教他的一句话:

"永远记住,不管是仁慈的神还是摄影师,都不能让一个女人感到彻底的幸福。"

角色

一个真实的故事

1917年12月3日,威廉·布拉塞出生于日维兹,那时这个地方从属于奥匈帝国,在"一战"结束后成为波兰的领土。他的父亲是奥地利殖民者的后裔,母亲是波兰人。

在20世纪30年代的后五年,他在舅舅在卡托维兹开设的摄影工作室里学习摄影。卡托维兹位于波兰的西里西亚省,是那个时候的一个富有的大城市,里面住着德国人、犹太人和波兰人。

1939年,德国进军波兰,年轻的布拉塞被党卫队审问了好几次。他拒绝向希特勒效忠,拒绝加入德意志国防军。他认为自己是波兰人,是他的母亲在他心中激起这样的情感。他试着逃往匈牙利,好最后到达法国并加入波兰自由军,但是,1940年3月底,他在边境地区被捕。他先在萨诺克被关了三个月,随后被关在塔尔诺,他仍旧拒绝加入纳粹党。1940年8月31日,他被关进奥斯维辛,他的编号是3444,算是一名政治犯。他所搭乘的火车上有438名囚犯,其中大多数在到达集中营后的一个星期里就死去了。

在集中营里的头几个月,布拉塞备受煎熬,因为他被迫在非人道主义环境下进行繁重的工作。他被派去建造铁路和焚尸场之间的道路、拆除那些占据在集中营待扩建地区上的被收缴的波兰人的房子、从医院向集中营的焚尸场运输尸体。从1940年至1941年严冬,他成功进入厨房工作，主要负责把厨师削好的土豆运到烤炉那边。最后，在1941年2月，他被召唤至政治办公室，德国人让他进入奥斯维辛的身份识别小组工作。拯救布拉塞的恰恰是他从青少年时期就获得的摄影技巧和他流利的德语对话能力。本书重点描述的就是布拉塞在身份识别小组的经历。

1945年1月，苏联红军逼近，奥斯维辛集中营的囚犯们被遣散，身份识别小组也停止了运作。根据他个人的估算，在四年持续不断的工作中，威廉·布拉塞一共为身份识别小组拍摄了五万多张肖像照。

后来他被带往艾本森集中营，那是位于奥地利的毛特豪森的一个分部。1945年5月初，他被美军士兵解放。

那个时候的布拉塞刚满二十七岁，他回到日维兹和家人重新团聚。他的双亲和五个兄弟都在战争中幸存下来了。为了谋生，布拉塞想重新开始摄影，但是当他拿起照相机的时候，他知道他再也做不到了。每次当他往镜头里看的时候，他就看到那些死在奥斯维辛的人的脸。那些牺牲者的魂魄出现在日维兹的摄影工作室里，出现在那些等待拍照的客户旁边。布拉塞明白，他无法再次逃离那长久折磨他的过去，于是他放下照相机，再也没有拿起它。他开始从事商业活动，并度过了平静的一生。他结了婚，有两个儿子，后来有了五个孙子。他积极参加奥斯维辛博物馆的建造工作，多年来他致力于教育年轻人，特别是德国年轻人，让他们牢记集中营的历史。

2012年10月23日，威廉·布拉塞在他的出生地日维兹平静离世。

其他人物：

1945年1月，布拉塞的直接上级党卫队军官伯恩哈特·瓦尔特被转移到位于图林根的米特堡-朵拉集中营，在那里德国人建造V2型导弹。战后，瓦尔特被捕入狱并接受审判，判处三年有期徒刑。

霍夫曼是党卫队士兵，他是瓦尔特的助手。战后他被宣判处以终身监禁。

马克西米连·格拉博内是奥斯维辛政治办公室的党卫队领袖，他是瓦尔特的直接上级领导人。战后他被处以死刑并执行。

党卫队军官汉斯·奥梅尔在多个集中营里服役，他在战争接近尾声时曾经试图说服布拉塞加入德意志国防军。战后他被处以死刑并执行。

在布拉塞和其他同伴到达奥斯维辛时，卡尔·弗雷兹向他们直接宣布即将面临的死亡结局。在 1945 年初，他在和苏联军队作战时死去。

费得里戈·卡尔·海尔曼·安特莱斯医生热衷于收集文身。战后他被处以死刑并执行。

约瑟夫·蒙格利要对在奥斯维辛的大批囚犯进行臭名昭著的医学实验负责，但是他从未被捕或是审判。战后，他逃到了拉丁美洲，最后于 1979 年在那里死去。

爱德华·威尔斯热衷于研究拥有双色眼珠的女人。战后他向英国军队投降，随后自杀。

卡尔·克劳伯命令布拉塞拍摄并记录妇科实验，他从来没有被逮捕，死时他没有接受过任何审判。

马克西米连·沙梅尔是奥斯维辛的犹太裔德国囚犯，他被迫帮助克劳伯以求生存，他在集中营被解放前就死去了。

布拉塞为约翰·保罗·克雷米尔医生拍摄被杀死的犹太人的肝脏，此人在 1947 年被判处死刑。后来他的判决改为终身监禁，于 1960 年被释放。